Barbro Bronsberg
Nina Vestlund

Ausgebrannt

Die egoistische
Aufopferung

Wilhelm Heyne Verlag
München

HEYNE LEBENSHILFE
Band 17/16

Titel der Originalausgabe
Bränn Inte Ut Dig!

Aus dem Schwedischen übersetzt von Senta Kapoun

3. Auflage

Copyright © 1987 Barbro Bronsberg/Nina Vestlund
Copyright © 1988 der deutschen Ausgabe by Wilhelm Heyne
Verlag GmbH & Co. KG, München
Printed in Germany 1992
Umschlagillustration: Jerzy Rolacz/The Image Bank, München
Umschlaggestaltung: Christian Diener, München
Satz: Kort Satz GmbH, München
Druck und Bindung: Presse-Druck Augsburg
ISBN: 3-453-02604-7

Inhalt

u

Über die Autorinnen

Barbro Bronsberg und Nina Vestlund haben Sozialwissen-
schaften studiert und arbeiten in der Erwachsenenbildung.

Vorwort

Als wir uns 1981 kennenlernten, waren wir verblüfft, in wie vielem wir dort, wo es um berufliche Belastung, um ständige Müdigkeit und wiederholte Magenkatarrhe ging, ganz ähnliche Erfahrungen hinter uns hatten. Wir hatten so viel gemeinsam, daß es schon fast komisch war.

Damals hielten wir beide Kurse zum Selbstbewußtseinstraining ab. Es waren anregende, interessante und lehrreiche Kurse, in denen nicht nur wir, sondern auch die Teilnehmer alles hergaben. Ein kurzer Abriß über das Ausgebranntsein weckte ganz besondere Aufmerksamkeit. Wir bauten diesen Teil aus, und das Interesse hielt Schritt. Mit der Zeit veranstalteten wir eigene Kurse über das Ausbrennen und seine Vermeidung, und viele, viele kamen. An jenem Tag, als eine Großkommune bei uns anfragte, ob wir in ihrem Bereich 16 (sechzehn!) Kurse über das Ausbrennen halten wollten, machten wir uns vor Verzweiflung und Begeisterung durch lautes Schreien Luft.

Damals gab es keinerlei Material über das Thema Ausbrennen. Es lagen nur vereinzelte Artikel aus amerikanischen Zeitschriften vor. Unsere Kursteilnehmer aber wollten mehr darüber lesen. Wir wußten, es waren einige Bücher aus dem Amerikanischen in Vorbereitung, aber unserer Ansicht nach sollte es zumindest *ein* von schwedischen Autoren geschriebenes Buch geben. Gesagt, getan. Hier ist es.

Wir sind einer ganzen Reihe von Autoritäten auf dem Gebiet des Ausbrennens und seiner Grenzbereiche zu großem Dank verpflichtet. Viele von ihnen haben uns Impulse gegeben, uns zu neuen Ideen inspiriert. Zu unserm Bedauern ist es aus Platzmangel nicht möglich, sie alle in diesem Buch zu nennen.

Es ist uns jedoch ein Anliegen, zumindest einige von ihnen mit besonderem Dank hervorzuheben:

- Mike Pegg, der uns zusammengeführt und der uns gelehrt hat, wie man anderen Menschen in Kursen zu größerem Selbstverständnis verhilft. Er hat uns besonders im positiven Denken erheblich gefördert, und er hat uns bestärkt, dieses Buch zu schreiben;
- alle Kursteilnehmer, die uns an ihrem Leben und ihren Erfahrungen teilhaben ließen;
- alle, die sich zu Interviews zur Verfügung gestellt und die betreffenden Abschnitte durchgesehen haben.

Wir verweisen auch auf das Literaturverzeichnis am Ende des Buches.

Unsere Hoffnung geht dahin, liebe Leser, daß Sie das Buch mit Freude und zu Ihrem eigenen Nutzen lesen und daß Sie künftig nach unseren Leitsätzen leben können:

Lebe das Leben leichter!
Spaß haben ist vergnüglicher!

Barbro Bronsberg   Nina Vestlund

Ausgebranntsein – was ist das?

»Puh, fühle ich mich heute ausgebrannt!« stöhnte Sylvia, als sie sich eines Montagmorgens ins Büro geschleppt hatte.

Damals war der Begriff ›ausgebrannt‹ in Schweden gerade frisch aus Amerika eingetroffen. Er wurde schnell zum Modewort, und kaum fühlte sich jemand ein bißchen schlapp, war es schon zur Stelle. Was Sylvia betraf, hatte sie sich nur ein bißchen übernommen und stand keineswegs am Rand eines Zusammenbruchs.

Wir möchten hier drei verschiedene Zustände aufzeigen, die oft mit Ausgebranntsein verwechselt werden:

Es kann sich zum Beispiel um eine ganz normale, gesunde Müdigkeit handeln. Sie hat nichts mit Ausgebranntsein zu tun, und sei sie noch so groß. Eine längere, besonders anstrengende Zeitspanne kann die Ursache sein. Wir beide haben das mitgemacht, als wir unser Buch schrieben. Wir waren oft sehr müde, wußten aber, das würde vorübergehen und zu einem positiven Ergebnis führen. Und wir hatten ja Freude an unsrer Arbeit!

Eine Frau, die gerade ein Kind geboren hat, kann auch bis ins Mark müde und erschöpft sein, aber sie bezeichnet sich doch nie und nimmer als ausgebrannt!

Müdigkeit kann uns auch befallen, wenn wir in einer *Krise* stecken. Während wir eine Krise durchmachen, denken wir oft, wir kommen nie wieder aus diesem traurigen Zustand heraus. Wissen wir aber, daß es sich hier nicht um ein Ausbrennen, sondern um eine Lebenskrise handelt, werden wir alles in Geduld und Ruhe durchstehen. Die Zeit heilt bekanntlich Wunden. Das Ausgebranntsein hingegen vergeht nicht von selbst. Um aus diesem Zustand herauszukommen, müssen wir selbst all unsere Kräfte mobil machen. Der oben angesprochene Typus einer Krise wird in Amerika ›burn-through‹ genannt – die Sicherung brennt sozusagen durch, aber ein Knopfdruck genügt, und der Schaden ist behoben...

> Tu etwas für die Dinge, die du ändern kannst,
> und höre auf, immer wieder das aufzurühren,
> was du nicht ändern kannst.
>
> *Kursteilnehmer*

Ein anderer Zustand, der auch nicht mit Ausbrennen verwechselt werden darf, ist das Trübsalblasen. Es gibt Leute, die müssen immer nur jammern und klagen, wie schwierig alles ist und wie fertig sie sind. Sie weiden sich förmlich an Irrtümern und Mißständen, zeigen aber keinerlei Lust, etwas daran zu ändern. Nörgelei und Trübsinnigkeit sind an sich schon ermüdend. Ein Arbeitsklima, in dem Quengelei der normale Umgangston ist, lähmt uns. Wir fühlen uns elend und ausgelaugt. Arbeitsfreude und Schwung sind dahin, aber auch das ist kein Ausgebranntsein. Das wirksamste Heilmittel ist in diesem Fall die Aufforderung:

> Jammre nicht – tu was!

Ausgebrannt sein

Ausgebrannt! Das ist ein recht ausdrucksstarkes Wort. Es ist leicht zu verstehen und anzunehmen. Es wurde, wie viele andere Begriffe, aus den USA importiert: ›burn-out‹. Seit Jahrzehnten wird dort über das Ausbrennen geredet, geforscht und geschrieben. Und heute sehen auch wir in der Alten Welt, daß es nur nützen kann, wenn wir ihm unsere Aufmerksamkeit schenken.

Ausgebranntsein ist eigentlich das Endergebnis eines langwierigen Prozesses. Im Endstadium brechen wir physisch oder psychisch zusammen. Es kann uns passieren, daß wir uns für längere Zeit beurlauben lassen, den Posten wechseln, unseren Beruf aufgeben oder (im schlimmsten Fall) krankheitshalber in Frührente gehen müssen.

Wichtig ist, immer zu bedenken, daß es sich hier um den Ablauf eines Prozesses handelt. Es ist also nie und nimmer ein Krankheitsetikett, das wir uns selbst oder anderen an die Brust heften dürfen. Wir brennen nicht von heute auf morgen aus. Der Vorgang läuft schon seit längerem ab, und wenn wir genau überlegen, erkennen wir das auch.

Wer sich als Opfer betrachtet, hat keinerlei Möglichkeit, etwas zu verändern. Opfer schieben die Verantwortung immer auf andere. Da ist es dann nicht mehr schwierig, aufzugeben, passiv zu werden und sich vor jeglicher Veränderungsmöglichkeit (die es ja immer gibt!) blind zu stellen. Es gibt sie auch dann noch, wenn man wirklich ausgebrannt ist!

Wir haben für das Ausgebranntsein drei Definitionen gefunden, die unserer eigenen Auffassung entsprechen:

1. »Schrittweises Abhandenkommen von Idealismus, Energie und Lebenssinn als Folge der Arbeitsverhältnisse bei Personen, die in untergeordneter Stellung arbeiten.« (Edelwich und Brodsky)
2. »Geringe psychische Belastbarkeit als Folge von dauerndem Arbeitsstreß. Auswirkungen sind
   a) erschöpfte Energiereserven;
   b) geringe Widerstandskraft gegen Krankheiten;
   c) zunehmende Unzufriedenheit, Pessimismus;
   d) Leistungsabfall und häufige Abwesenheit im Beruf.« (Veninga und Spradley)
3. »Zustand physischer, emotionaler und geistiger Erschöpfung. Dieser Zustand ist eine Folge von enttäuschten Hoffnungen und geplatzten Idealen.« (Pines, Aronson und Kafry)

Nur wer brennt, kann auch ausbrennen. Die hier angesprochene Persönlichkeit ist ein engagierter, oft auch kreativer Mensch, der mit seinem Leben etwas anzufangen weiß. Daher ziehen wir den Schluß, daß nur ausbrennen kann, wer selbst brennt.

Um den zum Ausgebranntsein führenden Prozeß zu erklären und näher zu beleuchten, haben wir ihn in vier Phasen aufgegliedert. (Siehe Grafiken S. 14/15)

Der Ablauf des beschriebenen Prozesses kann verschieden lange dauern. Manche Menschen brennen binnen eines Jahres aus, andere halten Jahre oder gar ein ganzes Leben lang durch. Die Phasen sind beim einen kürzer, beim anderen länger. Die Dauer des Prozesses ist individuell ganz verschieden.

Immer steht im Vordergrund aber die Möglichkeit, selbst etwas an seiner Situation zu verbessern oder überhaupt mit dem Zustand aufzuräumen. Es ist nie zu spät — egal, wie tief wir auch drinstecken!

Wer ist besonders gefährdet?

Die Literatur über das Ausgebranntsein geht von der Annahme aus, daß vor allem Leute gefährdet sind, die beruflich mit problembelasteten Menschen zu tun haben, also Sozialarbeiter, Ärzte, Polizeibeamte usw.

Diese Berufsgruppen kommen zwangsläufig mit vielen Menschen in Berührung und sind durch ihre Arbeit oft zu Stellungnahmen in Fragen des Lebens und der Moral — wie Partnerschaft, Tod, Schwangerschaftsabbruch usw. — gezwungen. Täglich bringen sie sich selbst und ihre Gefühle ein und sind ihr eigenes Arbeitsinstrumentarium. Es wird ihnen rein gefühlsmäßig unerhört viel abverlangt. Immer wieder empfinden sie Machtlosigkeit, Erschöpfung, Blöße. Zudem erfahren sie nur selten, ob ihre Arbeit zu positiven Ergebnissen geführt hat. Daher können sie den Wert ihrer Arbeit oft schwer abschätzen. Anerkennung ist selten.

Nach allem, was wir beide gelesen und erlebt haben, fragen wir uns manchmal, ob es überhaupt glaubhaft ist, daß jemand solche Arbeitsbedingungen ein ganzes langes Berufsleben lang aushält. Viele und durchgreifende Veränderungen werden vonnöten sein, damit Angehörige solcher Berufsgruppen nicht vor die Hunde gehen.

Wir wenden uns mit diesem Buch aber auch an andere Berufstätige. Wie wir feststellen konnten, betreffen die genannten Probleme z. B. auch Journalisten, Lehrer, Zahnärzte, Künstler, Vorgesetzte, kleine Gewerbetreibende, Freiberufler und Verkäufer im weitesten Sinn des Wortes.

Außerdem haben wir das Buch für Menschen geschrieben, die in großen Organisationen an zentraler Stelle sitzen und abstrakte Schreibtischarbeit leisten, die mit dem übrigen Betrieb scheinbar nichts zu tun hat. Für sie ist es schwer, eine Ganzheit zu erkennen, und sie sehen nie ein Ergebnis ihrer Arbeit.

Zum Glück scheinen nur wenige wirklich ganz auszubrennen und damit das Endstadium zu erreichen: den physischen oder psychischen Kollaps. Hingegen gibt es viele Menschen, die sich in der Gefahrenzone befinden. Sie müßten aus reinem Selbsterhaltungstrieb sofort gegensteuern. Angesprochen sind hier all jene, die sich bei weitem nicht so wohl fühlen, wie es erwünscht und möglich wäre.

Stellen Sie sich ein Zimmer vor; ein Zimmer mit einer Temperatur von $+20°$. Draußen herrschen $-15°$, es stürmt und schneit. Da geht die Tür auf, und ein verschneiter, durchgefrorener Mensch kommt herein. »Ha, ist es hier warm und gemütlich«, sagt er, zieht lächelnd die Überkleider aus und wärmt sich die eisigen Füße am Heizkörper. In diesem Moment öffnet sich die Tür zur Sauna. Ein splitternackter Kerl kommt aus $100°$ Hitze herein: »Huh, hier ist es aber kalt! Habt ihr die Heizung ausgeschaltet?«

Derselbe Raum. Zwei verschiedene Menschen. Keiner hat recht, keiner ist im Irrtum. Beide haben hinsichtlich der gebotenen Temperatur recht.

Enthusiastische Phase

Stagnationsphase

- Man ist begeistert und freut sich nach dem Studium/dem bisherigen Beruf auf einen neuen Anfang.
- Man muß sich anstrengen, hat aber das Gefühl, es lohnt sich. Fehlschläge machen uns nicht allzuviel aus, wir packen die Arbeit von einer anderen Seite an und denken, wenn wir das hier erst in Ordnung gebracht haben, wird es schon gehen.
- Man identifiziert sich gern mit den Kollegen, mit dem Arbeitsteam und dem ganzen Unternehmen.
- Überstunden sind kein Problem. Die Arbeit macht ja Spaß.
- Eine Person in dieser Phase wird von den Arbeitskollegen, die den Job schon länger machen, oft als Bedrohung empfunden. Die Person kann eine Belastung sein.
- Gleichzeitig ist man in dieser Phase irgendwie realitätsfern!!!

- Allmählich befällt einen das Gefühl, nichts vorwärtszubringen; man zweifelt an seiner Leistung, weiß aber nicht recht, warum.
- Man sieht die erhofften Resultate nicht.
- Schwankungen in der Arbeitsfreude führen zeitweilig zu verminderter Leistung, denn man zweifelt ja an sich selbst.
- Man läßt sich langsam von der negativen Haltung der Kollegen anstecken, versucht aber, dagegen anzugehen.
- Man isoliert sich, um sich selbst zu schützen; die Gesundheit ist angeknackst. Leichte Magenbeschwerden, manchmal Kopfschmerz.

Frustrationsphase

- Man stellt die Arbeit in Frage, überlegt, ob man den falschen Beruf gewählt hat, ob etwas in der Ausbildung schiefgelaufen ist.

Apathische Phase

- Man resigniert nicht nur vor der Arbeit, sondern auch vor den Möglichkeiten, etwas zu verändern.
- Der Abstand zu den Arbeitskollegen und zur Familie wird größer.
- Das mangelnde Selbstvertrauen treibt Blüten. Man ist völlig entmutigt und würde nie wagen, einen Zustand zu ändern oder gar den Arbeitsplatz zu wechseln.

- Die eigene Haltung wird negativ, man sieht Schwierigkeiten bei sich selbst und auch bei den Leuten, mit denen man zusammenarbeitet: »Das wird nie klappen!«
- Ein Gefühl der Machtlosigkeit kommt auf, und man zweifelt an seinem Können. Nicht einmal die größte Anstrengung scheint weiterzuhelfen.
- In der Arbeitsgemeinschaft kommen leichte Nervosität und Konflikte auf.
- Die psychosomatischen Symptome sind inzwischen chronisch geworden. Man läßt die Zügel noch mehr schleifen und verliert die Arbeitsfreude.

- Die Arbeit läßt einen kalt. Man schleicht durch die Korridore, flüchtet sich in eine gewisse Vereinsmeierei, drückt sich, wo es geht, oder wird restlos apathisch.
  Ausgebrannt!
- Physischer und psychischer Kollaps, durch den man gezwungen wird, ganz aufzuhören/sich versetzen zu lassen/den Beruf zu wechseln.

15

Und genauso ist es bei Ihnen. Wenn Sie merken, daß Sie sich im Beruf oder zu Hause nicht wohl fühlen – nehmen Sie es ernst! Ganz gleich, ob andere auch zu leiden scheinen oder nicht. Und umgekehrt – wenn Sie meinen, Sie seien mit dem Dasein zufrieden, dann nehmen Sie auch das ernst. Ganz gleich, was andere meinen und denken.

Symptome

Wir, Barbro und Nina, können Symptome nicht besonders gut beschreiben. Symptome führen leicht zu einer Belastung. Es ist ähnlich wie beim Lesen von ›Doktorbüchern‹, wo man feststellt, daß jede Krankheit genau mit den Symptomen anfängt, die man gerade an sich beobachtet.

Wir möchten aber wenigstens einige Richtlinien bringen, die von Nutzen sein können. Sie werden hier weder in einer Zeitfolge noch in einer Rangordnung angeführt.

Der Humor schwindet. Man ist einfach zu keinem Scherz mehr fähig. Alles ist ernst, alles ist schwer. Nicht einmal schwarzer Humor kommt mehr an. Wir begreifen nicht, worüber andere lachen können.

Distanz, Isolierung und innere Emigration. Man schirmt sich gegen weitere Fehlschläge und Enttäuschungen ab, zieht sich in sein Schneckenhaus zurück. Es fällt schwer, sich einzusetzen, anderen zuzuhören oder nachzuempfinden, wie es anderen geht. Man stumpft ab. Will nicht mit Klienten/Kunden zusammentreffen. Will lieber in aller Abgeschiedenheit Akten ordnen. Schließlich zieht man sich auch von Kollegen, Freunden und ganz zuletzt von der Familie zurück. Manchmal isoliert man sich, weil man sich all dessen schämt; weil man meint, nicht normal zu sein.

Psychische und physische Müdigkeit. Man ist dauernd müde und schlapp. Ausruhen hilft kaum. Man schafft weniger und weniger. Man fühlt sich psychisch ausgelaugt oder empfindet überhaupt nichts. Die geringste Kleinigkeit ermüdet. Man weint leicht, lange und ohne jeden Grund. Oder man wird gleich nervös, explodiert und läßt seine Launen auch an Unschuldigen aus.

Man muß sich immer häufiger krank schreiben lassen. Oft reagiert der Körper sehr schnell auf Mißstände. Man bekommt schmerzhafte Verspannungen, Magenbeschwerden, Kopfschmerzen und mehr oder weniger ernste psychosomatische Erkrankungen. Man läßt dem Körper keine Zeit zur Erholung, sondern geht mit Fieber zur Arbeit, hat immer öfter kleine Wehwehchen. Erkältungen wird man immer schwerer los.

Man reagiert negativ und zynisch. Gegen seinen Willen fängt man an, nur noch das Negative im Leben, bei den Kollegen, Klienten/Kunden und in der Familie zu bemerken. Man wird mißtrauisch gegen andere, verallgemeinert leicht und nennt die andern ›hoffnungslos‹ oder ›unmöglich‹. Man kann hart und zynisch werden. Das aber ist alles nur eine Abwehrhaltung gegen das, womit man selbst nicht fertig wird.

Mangelndes Selbstvertrauen. Man fühlt sich wertlos, unzuständig und machtlos. Sieht nur die eigenen Schwächen und Mißerfolge. Gibt sich an allem die Schuld, meint, man sei es nicht wert, daß es einem gutgeht. Verlangt keine Veränderung zum Besseren.

Man wird gleichgültig und fühlt sich angeödet. Alles ist einem egal. Nicht nur die Arbeit wird einem gleichgültig, sondern auch der Erfolg. Man drückt sich, wo immer es geht. Langweilt sich. Verliert ganz den Überblick und kann eine Arbeit monatelang liegenlassen. Wartet nur noch ängstlich oder gleichgültig auf die große Katastrophe.

Depression, Selbstmord und Tod. Von der Gleichgültigkeit ist es nur noch ein kleiner Schritt bis zur schweren, nachtschwarzen Depression. Sie kann unter Umständen bis zum Selbstmord führen. Möglicherweise stirbt man an Herzinfarkt oder einer anderen schweren Krankheit.

Drei Faktoren

Wieso kann es schiefgehen? Was können wir verbessern? Bei der Gefahr auszubrennen sind drei Hauptfaktoren zu berücksichtigen: Beruf, Persönlichkeit und Privatleben.

In der einschlägigen Literatur nehmen die Wissenschaftler die Bedeutung des Berufs besonders wichtig. Bisweilen wird es sogar als Berufskrankheit bezeichnet.

Auch wir halten die berufliche Arbeit und die Art, wie sie organisiert ist, für sehr wichtig. Trotzdem haben wir uns aber dafür entschieden, diese Frage in unserem Buch nur ganz kurz zu streifen. Uns mangelt es an Kompetenz, darüber zu schreiben. Wir hoffen aber, daß anderweitig in dieser Richtung geforscht wird. Bislang bezieht sich alles, was geschrieben wurde, auf die Verhältnisse in den USA.

Beruf. Wie sieht im Hinblick auf den Ausbrennungsprozeß der Horrorarbeitsplatz aus?

Er hat

- nicht klar umrissene, widersprüchliche Ziele;
- unumstößliche, negative Regelungen und Routineabläufe;
- schlechtes Arbeitsklima, wo Ideen immer nur abgelehnt werden;
- unzulängliche Vorgesetzte (es fehlt an Einsatzfreude, Kenntnissen, Interesse, Ansporn für die Mitarbeiter);
- mangelhafte oder überhaupt nicht vorhandene Nacharbeit.

18

Er bringt

- wenig Möglichkeiten, Einfluß zu nehmen;
- kaum Anerkennung, wenn etwas gelungen ist;
- zu viele Aufgaben, die in zu kurzer Zeit bewältigt werden müssen;
- schlechten Überblick über die zu umfangreiche Organisation.

Unter solchen Voraussetzungen ist es nicht leicht, gute Arbeit zu leisten. Keine unserer beruflichen Ambitionen kann verwirklicht werden. Je geringer aber diese Möglichkeiten sind, desto gestreßter ist das Personal. Die Gefahr auszubrennen steigt.

Auf Veränderung hoffen läßt möglicherweise der Umstand, daß nicht nur Angestellte die Betroffenen sind. Das Unternehmen erreicht seine Ziele nicht. Es ist ja fast selbstverständlich, daß Vorhaben nicht verwirklicht werden, wenn ein Großteil des Personals schon fast ausgebrannt ist.

Alle Verantwortlichen, die ein Interesse am Erreichen von Betriebszielen haben, sollten mehr über das Ausbrennen wissen und schnellstens notwendige Veränderungen herbeiführen. Viele Arbeitgeber und Vorgesetzte rechnen aber mit einem gewissen Zynismus damit, daß sich immer neues ›Kanonenfutter‹ anbietet, wenn das bisherige Personal am Ende seiner Kräfte angelangt ist. Oder es ist ihnen gleichgültig, wenn angestrebte Ziele nicht erreicht werden.

In Betrieben, die ihr Personal überfordern, kann man folgendes feststellen: mangelnde Leistung, dürftige Einsatzfreude, geringes Verantwortungsgefühl, viele Krankenurlaube, häufigen Personalwechsel und in der Schlußphase schließlich völlige Apathie. Klingt das nicht zum Fürchten? Eine ganze Organisation mit phantastischen Menschen und unerschöpflichen Ressourcen, die nie Verwendung finden! Alle lassen nur noch den Kopf hängen und können mit ihrem Leben nichts mehr anfangen.

Die Persönlichkeit. Man kann es sich nicht immer nur einfach machen und sagen, hier ist die Arbeit schuld, dort das Individuum. Es gibt Leute, die arbeiten in herrlichen Räumen, wo ergonomisch alles stimmt. Trotzdem fühlen sie sich nicht wohl, und es geht ihnen immer schlechter.

Demgegenüber gibt es Leute, die in alten verwahrlosten Räumen eng beieinanderhocken, wenig Hilfsmittel haben und trotzdem gern zur Arbeit gehen. Das kann mit sinnvollen Aufgaben zu tun haben; der Grund kann aber auch in dem betreffenden Menschen selbst liegen.

Wir können beim Schreiben dieses Buches viel persönliche Erfahrung einbringen, weil wir selbst das Arbeitsfeld gewechselt haben. Wir kommen aus einem Risikosektor – der Sozialarbeit. Die zwei Gebiete unserer Wahl sind jetzt: Erwachsenenbildung und Information/Werbung. Nachdem wir unseren Job gewechselt hatten, mußten wir feststellen, daß die Probleme irgendwie dieselben geblieben waren. Folglich mußten sie mit unserer Persönlichkeit zusammenhängen.

Die Bedeutung der Persönlichkeit ist in fast allen nun folgenden Punkten enthalten. Weitere Inhalte sind: der Umgang unseres Körpers mit Streß, Ansprüche, die wir an uns selbst stellen, sowie Identifikation mit unserer Arbeit. Als gewissermaßen ›brennende‹ Menschen sind wir eng mit unserem Beruf verwachsen und können nicht immer den nötigen Abstand halten.

Das Privatleben. Der dritte Faktor ist das Privatleben. Wir brauchen neben unserer Arbeit einen zufriedenstellenden privaten Bereich, ganz besonders dann, wenn wir im Beruf für Menschen da sind, die schwere Probleme haben.

Allen Eltern zum Trost behauptet Christina Maslach in ihrem Buch ›Utbränd‹, daß bei Leuten mit Kindern das Risiko auszubrennen wesentlich geringer ist als bei kinderlosen. Kinder verlangen einfach, daß wir uns auch ihnen widmen und nicht nur unserer Arbeit. Das größte Risiko gehen somit Alleinstehende ein, die keine Kinder und nur wenige Freunde haben. Sie können ja ihrer Arbeit jeden beliebig großen Platz einräumen!

Leider wirkt es sich auf das Privatleben oft sehr negativ aus, wenn wir am Ausbrennen sind. Negative Einstellung und Abkapselung eines einzelnen betrifft immer auch die ganze Familie. Die Scheidung liegt auf der Lauer ...

Klar kann man etwas dagegen tun. Obwohl wir uns entschlossen haben, von der persönlichen Ebene auszugehen, möchten wir betonen, daß unserer Meinung nach niemand allein an seinem Ausbrennen schuld ist.

Wir sind der Ansicht, daß die vielen, vielen Menschen, die sich heute an ihren Arbeitsplätzen nicht wohl fühlen, nicht auf Untersuchungen über das Ausbrennen warten können. Sonst gehen sie in der Zwischenzeit drauf.

Weil wir eben irgendwo anfangen müssen, beginnen wir bei uns selbst. Das schließt aber keineswegs aus, daß wir uns alle zusammentun und gemeinsam Verbesserungen fordern.

Ehe Sie nun weiterlesen:

Überlegen Sie, was es kostet, sich mit diesen Dingen *nicht* auseinanderzusetzen. All die Energie, die verpufft, wenn man sich nicht wohl fühlt, wenn man Probleme wälzt, den Streß auslebt, nichts Vernünftiges fertigbringt, auf den Betrieb schimpft: Diese ganze Energie kann besser verwendet werden.

Haben Sie Verständnis für Ihren Streß, und lernen Sie ihn handhaben

»Hilfe!!! Ich halte diesen Streß nicht aus! Ich habe sooo schrecklich viiiel zu tuuuun!« heulte Nina ins Telefon.

So ungefähr verwenden die meisten von uns das Wort ›Streß‹. In diesem Gespräch nun ging es darum, daß Nina viel zu tun hatte, daß sie mehr als gehetzt war und im Moment nicht wußte, wie sie alles schaffen sollte.

Niemand würde sich als gestreßt bezeichnen, wenn er als unsterblich Verliebter wochen- und monatelang die Nächte durchliebt – und es trotzdem schafft, tagsüber zu arbeiten (wenngleich hohläugig und geistesabwesend).

Wir nennen es auch nicht Streß, wenn unsere Freunde nichts von sich hören lassen und wir uns ganz vereinsamt vorkommen.

Alle diese Situationen *beanspruchen* aber unseren Körper und unsere Seele voll und ganz – sie stressen uns.

Streß kann als angenehm, aber auch als unangenehm empfunden werden. Wenn er angenehm ist, reden wir nicht von Streß, sondern von ›Anspannung‹, ›Konzentration‹ oder ›Erwartung‹. Diese Formen von Streß bezeichnen wir eher als ›Stimulans‹, also als etwas, das wir brauchen. Wir müssen jedoch trachten, den *Grad von Streß,* dem wir uns aussetzen, einigermaßen unter Kontrolle zu bringen. Auch zuviel positiver Streß kann uns nämlich schlecht bekommen.

Streßreaktionen haben fest vorgegebene Strukturen. Der Streß setzt – ob wir wollen oder nicht – eine ganze Reihe von Reaktionen in Gang. Wie wir dann mit den Streßreaktionen umgehen, ist von Mensch zu Mensch verschieden. Manche schreien den Streß laut hinaus, andere machen kilometerweite Waldläufe oder rauchen mehr.

Streß ist ein uraltes Reaktionsmuster der Menschheit. Er ist die Antwort des Körpers auf lebensbedrohende Gefahren. Wir gleichen körperlich unseren Vorvätern, den Höhlenmenschen; und wir reagieren auch wie sie.

Streß ist unsere Überlebensmethode. Wenn der Steinzeitmann ganz unverhofft einem wild knurrenden, zähnefletschenden Wolfsrudel gegenüberstand (die Fachliteratur spricht von Stressoren) – blieb ihm zum Denken keine Zeit. Automatisch schalteten sich die Überlebenskräfte ein. Zusätzliche Energie war vonnöten. Die Muskeln spannten sich, die Atemfrequenz stieg an, das Herz begann schneller und heftiger zu schlagen. Gefahr! Alarm! Bereitschaft! Er ging daran, sein Leben zu retten, entweder indem er kämpfte, sich stellte oder floh – eine Kampf-Flucht-Reaktion.

Ganz automatisch setzte der Körper Kräfte und Fähigkeiten frei. Die Hirnrinde signalisierte dem Gehirnstamm Gefahr. Das Herz begann Blut durch den Körper zu pumpen, die Muskeln spannten sich. Adrenalin wurde in die Blutbahn ausgeschüttet und machte aus den Fettdepots Brennstoffe frei. In dem Jäger wallte eine Mischung aus Angst und Zorn auf. War das Ganze dann vorüber, ließ die Anspannung nach, und er fühlte sich müde, zittrig und kraftlos. Das Problem für den Menschen von heute ist, daß unsere Reaktionen noch immer dieselben sind wie die des Steinzeitmenschen, obwohl wir kaum noch belfernden Wölfen ausgesetzt sind.

Heute sind es oft *innere Stressoren,* die Kampf-Flucht-Reaktionen auslösen. Ursache kann ein beruflicher Mißerfolg sein, ein Kollege, der einen immer wieder auf Fehler hinweist, sexuelle Probleme, ein dauernd kaputter Kopierer, Schuldgefühle; vielleicht hat man sich bei einer Aufgabe festgefahren, es steht schlecht um die Finanzen, der beste Freund stirbt, man hat zuviel um die Ohren, man wird beim Schlangestehen am Schalter gestoßen...

In solchen Situationen reagieren wir immer noch so, als wäre uns das Wolfsrudel auf den Fersen. Wir sehen es im Büro vor uns, hören es auf der Straße heulen, und zu Hause umkreist es uns mit glühenden Augen.

Unser Steinzeitmensch brauchte die freiwerdenden Energiemengen, wenn er kämpfte oder floh; aber wir in unserer zivilisierten Gesellschaft können sie nicht recht loswerden. Wir können den Chef nicht anspringen und ihn beißen (höchstens in Ausnahmefällen) oder die Beine in die Hand nehmen, wenn wir der miesepetrigen Kollegin begegnen oder jenem Kerl, der uns beim Schlangestehen am Postschalter zufällig gerempelt hat. Wir haben im Gegenteil gelernt, uns zu beherrschen, stehenzubleiben und vielleicht sogar zu lächeln – während wir innerlich kochen.

Die Überforderung und ihr Gegenteil

Ursache von Streß ist – kurz gesagt – der Unterschied oder die Kluft zwischen dem, was ich als meine Fähigkeit erkenne, und dem, was meiner Meinung nach meine Umgebung von mir fordert. Verlangt meine Umgebung genau das von mir, wozu ich mich imstande fühle, dann gibt es keine Kluft und keinen Streß. Meine ich aber, daß meine Umgebung zuviel von mir verlangt – oder zu wenig –, entsteht eine Kluft, ein Ungleichgewicht, das in mir die Kampf-Flucht-Reaktion auslöst...

Streß tritt, wie gesagt, nicht nur auf, wenn wir lebensbedrohenden Situationen ausgesetzt sind. Wir stehen immer unter einem gewissen Streßpegel. (Ohne diesen wären wir tot!) Schon wenn wir Hunger haben, steigt der Streßpegel. Der Körper ist unbefriedigt und verlangt, daß wir etwas dagegen tun. Haben wir gegessen, verringert sich der Streß. Auch wenn wir uns psychisch unbefriedigt fühlen, nimmt er zu – etwa wenn unsere Umgebung uns überfordert. Der Streß sinkt erst ab, wenn das Problem gelöst ist, d.h. wenn wir die Ansprüche unserer Umgebung wieder als angemessen empfinden. Solange das Problem nicht gelöst ist, wird unser Streßpegel hoch sein, und wir werden vermutlich nach verschiedenen Lösungsmöglichkeiten suchen. Man kann also sagen, daß Streß in unserem Leben eine Antriebskraft ist.

Es ist somit wichtig, nicht nur die eigenen Fähigkeiten realistisch einzuschätzen, sondern auch die Ansprüche, die unsere Umgebung an uns stellt. Wir können die lebensnotwendigen Verteidigungsmechanismen unseres Körpers nicht ändern. Sie sind in uns vorprogrammiert. Aber wir können uns selbst verstehen lernen – und uns so akzeptieren, wie wir sind. Nur so können wir auch unseren Streß richtig handhaben. Wir können ihn z. B. vermeiden oder ein Gleichgewicht zwischen unserer Leistungsfähigkeit und den an uns gestellten Ansprüchen schaffen. Und wir müssen wissen, wie man Streßursachen bekämpft.

Habe ich beispielsweise einen Job mit – gemessen an meinen Fähigkeiten – viel zuviel Verantwortung, dann kann ich mich entweder so weiterbilden, daß ich dem gewachsen bin, oder ich muß dafür sorgen, daß man mir etwas von dieser Verantwortung abnimmt. Wir können nicht leben, *als ob...* wir anders funktionierten, als es tatsächlich der Fall ist. Das kann eine Zeitlang gutgehen, aber auf die Dauer ist es nicht haltbar.

Streß ist nicht schlimm, wenn er sich in Grenzen hält oder wenn er in der richtigen Situation auftritt. Wann aber wird der Streß zu stark? Wann besteht die Gefahr des Ausbrennens? Wenn die Kampf-Flucht-Reaktion täglich, ja Woche für Woche und Monat für Monat auf Hochtouren ist, wenn der Körper nie frei von Hochspannung ist, verzehrt er sich mit der Zeit. Die inneren Organe melden sich mit Krankheiten.

Bewegung ist eine Möglichkeit, aufgestaute Energien loszuwerden. *Entspannung* ist eine andere. Wir meinen damit eine gut durchdachte und konzentrierte Form der Entspannung, wie sie etwa im Sport – und mancherorts auch schon im Arbeitsleben – immer gebräuchlicher wird. Wir kommen später darauf zurück.

Die Summe der Belastungen

Die Immunreaktion ist ein weiterer in unseren Körper eingebauter automatischer Abwehrmechanismus. Sie hilft uns, Angriffe fremder Organismen zu überleben. Das einfachste Beispiel sind die weißen Blutkörperchen. Sie sind so etwas wie eine Armee mit Spezialausbildung; sie haben die Aufgabe, körperfremde Stoffe anzugreifen und abzutöten. Tagtäglich erfüllen sie die unterschiedlichsten Aufgaben, vom Heilen kleiner Wunden und Erkältungen angefangen, bis zum Unschädlichmachen von Krebszellen.

Viele Ärzte haben Zusammenhänge zwischen Krankheit und Streß festgestellt. Carl und Stephanie Simonton (er: amerikanischer Krebsspezialist, und sie Psychologin) beschreiben den Zusammenhang zwischen Streß und Abweichungen in den Immunreaktionen in ihrem Buch ›Wieder gesund werden‹. Es gibt eindeutige Beweise dafür, daß die Krebsanfälligkeit bei Versuchstieren zunimmt, wenn diese besonderem Streß ausgesetzt sind, und man weiß seit vielen Jahren, daß Menschen mit psychischen oder gefühlsbedingten Problemen eher erkranken als andere.

Thomas H. Holmes und Richard H. Rahe haben ein Punktesystem für gewisse positive und negative Ereignisse ausgearbeitet. Nach dieser Tabelle darf ein Mensch innerhalb eines gewissen Zeitraumes auf nicht mehr als 200 Punkte kommen, um gesund zu bleiben.

Es hat sich gezeigt, daß während eines Untersuchungszeitraums von zwölf Monaten 49% der Personen, die 300 Punkte erreicht hatten, erkrankt waren. Hingegen betraf es nur 9% der Personen, die unter 200 Punkten lagen. Nun können die Zusammenhänge natürlich nicht so simpel gesehen werden. Viel hängt von der persönlichen Belastbarkeit ab. Jeder bewältigt seinen Streß anders. Es ist ein großer Unterschied, ob wir in schlechter physischer Verfassung sind oder in Topform. Haben wir eine Zeitlang öfter dem Alkohol zugesprochen oder zuviel geraucht, bauen wir unseren Streß weniger gut ab, als wenn wir entspannt sind, viel an der frischen Luft waren oder eben rundherum gesund gelebt haben.

Barbros Vater wurde mit 63 Jahren arbeitslos. Die Situation war für ihn nicht ganz so belastend wie vielleicht für einen jüngeren Menschen. Eine Ehescheidung kann sehr ruhig und vernünftig abgewickelt werden, eine andere sich hingegen über Jahre hinziehen und dadurch sehr aufregend sein. Eine unerwünschte Schwangerschaft bedeutet natürlich mehr Streß als eine, die seit Jahren ersehnt und geplant ist. Die angeführte Wertskala ist weit komplizierter als es scheint, aber sie kann zur Selbstkontrolle als Leitfaden dienen. Daher kann nicht oft genug betont werden:

Wenn die äußeren Umstände mehr verlangen, als man herzugeben imstande ist, bleiben zu wenig Kräfte übrig, um Krankheiten abzuwehren.

Hier das erwähnte Punktesystem:

Ereignis	Punkte
Tod des Ehegatten/Gattin	100
Scheidung	73
Trennung	65
Gefängnisaufenthalt (Haft)	63
Tod eines nahen Angehörigen	63
Physische Beeinträchtigung oder Krankheit	53
Heirat	50
Kündigung	47
Versöhnung in der Ehe	45
Pensionierung	45
Veränderung im Gesundheitszustand eines Familienmitglieds	44
Schwangerschaft	40
Sexuelle Probleme	39

Ereignis	Punkte
Familienzuwachs	39
Veränderungen am Arbeitsplatz	39
Wirtschaftliche Veränderungen	38
Tod eines nahen Freundes	37
Berufswechsel	36
Veränderung in der Anzahl ehelicher Zwistigkeiten	36
Kredit über DM 25 000, –	31
Pfändung wegen Schulden	30
Sohn oder Tochter ziehen von zu Hause weg	29
Konflikte mit Verwandten	29
Bedeutende persönliche Leistungen	28
Ehegefährte nimmt neuen Posten an oder scheidet aus dem Beruf aus	26
Beginn oder Beendigung eines Ausbildungsganges	26
Veränderung der Lebensumstände	25
Änderung persönlicher Gewohnheiten	24
Konflikte mit Vorgesetzten	23
Veränderung in Arbeitszeit oder Arbeitsbedingungen	20
Veränderte Wohnverhältnisse	20
Veränderungen in der Schule	20
Änderung des Freizeitverhaltens	19
Veränderung in kirchlichen Aktivitäten	19
Veränderung in sozialen Aktivitäten	18
Aufnehmen eines Kredits unter DM 25 000, –	17
Veränderung in den Schlafgewohnheiten	16
Veränderung in der Anzahl familiärer Zusammenkünfte	15
Änderung der Eßgewohnheiten	15
Urlaub	13
Weihnachten	12
Kleinere Gesetzesübertretungen	11

Allein diesen Ereignissen gemeinsam ist die VERÄNDE-RUNG. Wir werden durch positive oder negative Ursachen gezwungen, uns selbst, unsere Gewohnheiten oder unser

Weltbild zu verändern. Die Geburt eines Kindes kann gleichzeitig eine Menge eigener Kindheitserinnerungen heraufbeschwören, die man vergessen zu haben scheint und die einem jetzt wieder bewußt werden.

So seltsam es anmutet: Wir können nicht einmal beliebig viele positive Veränderungen ertragen, ohne uns einem inneren Streß auszusetzen. Natürlich kommen wir mit Erfreulichem leichter zurecht – aber auch da gibt es eine obere Grenze. Viele von uns kommen in ein Dilemma, wenn sie z. B. gern arbeiten. Es gibt viel zu viele schöne Dinge, auf die wir nicht verzichten wollen.

> Ein Zuviel verdirbt alles
> und ein Zuwenig auch –
> sagt der Weise.

Wird *die Summe der Belastungen* zu groß, kann das ernste Folgen haben. Irgendwoher kommt der Tropfen, der den Stein aushöhlt oder das Faß zum Überlaufen bringt.

Und umgekehrt: Verbessert man die Situation in einem einzigen Punkt – ganz gleich in welchem –, schon kommt man wieder zurecht. Aber das muß geschehen, *ehe* der Stein ausgehöhlt oder der Fußboden überschwemmt ist...

Wir beide, Barbro und Nina, sind im Punktesammeln sehr versiert. Als Nina im September 1981 ein eigenes Unternehmen startete, machte sie einen schrecklichen Fehler: Sie zog am gleichen Tag aus einer ruhigen Vorortvilla in eine Stadtwohnung an einer der verkehrsreichsten Kreuzungen Stockholms mit einer täglichen Frequenz von 50 000 – 70 000 Fahrzeugen. Außerdem trennte sie sich zu dieser Zeit von ihrem Lebensgefährten, hatte vorläufig ein geringeres Einkommen zu erwarten, lebte von geliehenem Geld, lernte eine Menge neue Menschen kennen usw. Das einzige, was sie tat, um Streß zu vermeiden, war: Sie verzichtete auf Kaffee...

Von diesem Herbst an bis zum folgenden Frühjahr kam Nina nie auf weniger als 350 Streßpunkte. Und wirklich wurde sie sehr bald krank.

Wenn der Streß zu groß wird, möchten wir ihn gern loswerden und unser Gleichgewicht wiedererlangen. Wir können da sehr unterschiedlich verfahren. Eine Möglichkeit ist, sich ein Sicherheitsnetz zu schaffen.

Wir wünschen uns sehnlichst – um nur einige Beispiele zu nennen –, keine Angst vor Gewalt, Hunger und Krankheit haben zu müssen.

Schweden ist ein ausgezeichnetes Beispiel dafür, wie man über die primären Bedürfnisse hinaus allgemeine Sicherheiten einbaut. In Schweden haben wir das Recht auf Arbeit, wir sorgen für unsere Alten und Behinderten, Wohnungs- und Schulwesen sind durchorganisiert, wir stellen Prognosen für die Entwicklung des Wirtschaftslebens. Das alles tun wir, um vor unerwünschten Situationen sicher zu sein.

Wir haben uns an unserem Ende der Welt viele, viele Jahre hindurch absolut sicher gefühlt. Nachdem wir Schweden nun aber hintereinander Verletzungen unseres Territoriums durch U-Boote, den Mord an Olof Palme, die Katastrophe von Tschernobyl und die weltweite Aids-Epidemie erlebt haben, sind sogar wir ein bißchen durcheinandergeraten.

Ganz unvorhergesehen ist unsere äußere Sicherheit mit einemmal bedroht. Und in einer solchen Situation ist es höchste Zeit, das innere Gleichgewicht zu finden.

Kreativität ist Lebensfreude!

Kreativität bedeutet, das Leben in sich pulsieren zu fühlen, sich zu entwickeln und zu neuen Zielen vorzustoßen. Kreativität ist der Fluß des Lebens. Sie ist das Salz, das Wasser, die Sonne – alles!

Der Mensch wird kreativ geboren. Mit welcher Kraft begegnet das Kind doch der Welt und dem Leben! Wie viele Worte nimmt es täglich auf! Schritt für Schritt, Minute für Minute greift das Kind nach dem Leben. Es liebt das Leben. Es ist neugierig. Gibt nie klein bei. Wagt den Mißerfolg. Wirft sich vorbehaltlos hinein und lernt dauernd dazu. Begibt sich hinein in das Unbekannte. Konstruiert neue Wörter. Kann eines Tages Knöpfe auf- und zuknöpfen, Buchstaben begreifen; es sieht die Wolken, zeichnet sie ab, gibt ihnen Namen. Es benennt seine Wirklichkeit.

Kreativ sind nicht nur die Künstler. Jeder Mensch braucht einen Auslauf für seine Schaffenslust. Sowohl im Beruf als auch im Privatleben. Um als kreativ zu gelten, muß man nicht unbedingt Bilder malen können. Es genügt, wenn man sich neue Wege für den Informationsfluß im Betrieb ausdenkt oder eine Möglichkeit zur Befestigung der schönen Kletterpflanze an einer Wand. Jeder von uns ist täglich und stündlich schöpferisch tätig.

Was schöpferische Tätigkeit behindert. Hemmungen. Furcht vor Blamage. Eingefleischte Gewohnheiten. Unterdrücken der Phantasie. Verhinderung neuer Schritte durch Worte wie ›unmöglich!‹, ›unrealistisch!‹. Mechanisches Reagieren auf die Umgebung. Die meisten Menschenkinder verhalten sich schon nach wenigen Jahren so, und nicht etwa erst nach Jahrzehnten. Recht früh wird die Entdeckerfreude des Kindes und sein ebenso schöpferisches Wollen unterdrückt.

Wie schnell mußten wir doch unsere Neugier zügeln: »Du bist zu klein, um das zu verstehen.«

Wie früh mußten wir schon auf unsere Kleider aufpassen, um sie ja zu schonen!

All die Fragen, die wir nicht stellen durften! Die Experimente, die wir nicht machen durften, weil sie für zu laut, zu unsauber oder einfach für unnötig gehalten wurden!

Wenn wir als Erwachsene Schöpferisches leisten wollen, hindern uns nicht selten schlechte Voraussetzungen am Arbeitsplatz daran. Wir werden gestört und können nicht konzentriert arbeiten, oder es fehlt uns an Zeit, nachzudenken und Kontakt mit unserer inneren Stimme aufzunehmen.

31

Um kreativ zu sein, muß man gegen althergebrachte Regeln verstoßen.

Streß und Kreativität − Ergänzung und Gegensatz.

Streß, Unzufriedenheit aktiviert uns, treibt uns im Leben an.

Streß ist eine Voraussetzung für schöpferisches Tun. Zu starker Streß jedoch blockiert uns − wir werden unsicher und konfus.

Vor allem in dieser Situation suchen wir die Sicherheit, das Unumstößliche und Wohlbekannte im Leben. Wir haben nicht den Mut, Grenzen zu überschreiten, wollen nichts Neues ausprobieren. Sicherheit behindert in diesem Fall das Schöpferische.

Erst wenn wir den Streß und die Unsicherheit soweit beheben können, daß wir damit umzugehen vermögen, haben wir freie Bahn für neue Wagnisse.

Natürlich werden wir oft genug mitten in einer kreativen Phase unsicher. Das gehört zu diesem Prozeß dazu. Wir schaffen nämlich *trotz* unserer Unsicherheit etwas.

Somit aktiviert uns der Streß, nach Lösungen zu suchen, die uns befriedigen. Aber er kann uns auch blockieren.

Es gilt, das Gleichgewicht zu finden, das uns wohl genügend Sicherheit gibt, uns aber auch neugierig macht auf die Eroberungen neuer Bereiche. Nur so können wir in Einklang mit uns selbst und den uns geschenkten kreativen Kräften leben.

Sören Kierkegaard hat die bekannten Worte gesagt:

Wagen heißt
für einen Augenblick
den Halt verlieren.
Nicht wagen
heißt sich selbst
verlieren.

Ehe Sie weiterlesen

Der Hauptteil dieses Buches besteht aus zehn Punkten, die gemeinsam für alle jene Gültigkeit haben, die Gefahr laufen auszubrennen. Nicht jeder, der sich in der Gefahrenzone befindet, braucht sich in jeder Hinsicht wiederzuerkennen – das hoffen wir von Herzen.

Die zehn Punkte sind nicht nach ›Gefährlichkeit‹ geordnet. Wie deutlich man sich wiedererkennt, soll ein Fingerzeig sein, ob man sich schon in der Risikozone befindet oder nicht.

Sie werden bald merken, daß die verschiedenen Punkte sich überlappen. Das tun sie auch in Ihrem Leben. Es gibt keine wasserdichten Schotten zwischen den verschiedenen Teilen unseres Ich. Fangen Sie zu verändern an, wo immer Sie wollen; schön langsam werden Sie erkennen, welcher Punkt als nächstes in Angriff genommen werden muß.

Es geht um den Mut, so zu sein, wie man ist. Wir alle haben Schwächen und Charakterzüge, über die wir uns schämen, und oft gäben wir viel darum, sie loszuwerden. Trotzdem fehlt uns oft der Schneid, ihnen ins Angesicht zu blicken. Zuletzt halten wir diese weniger schönen Züge für einen Teil unserer selbst – und meinen, sie unmöglich ändern zu können.

Insgeheim hoffen wir aber immer, daß diese unerfreulichen Züge von selbst verschwinden. Das ist leider nicht der Fall. Eher lenken und leiten sie uns in vielerlei Hinsicht, solange wir nicht wagen, ihnen entgegenzutreten, sie zu akzeptieren und zu handhaben. Jeder Mensch ist die Summe seiner bewußten und unbewußten Gedanken.

Allein dadurch, daß wir an diesen Schwächen bewußt arbeiten, sie erkennen und be-arbeiten, können wir ihre Macht über unser Leben loswerden.

Bedenken Sie, daß wir die ganze Zeit von Schwächen und Schwierigkeiten reden, die Sie schon seit langem haben. Jeder kennt kürzere Perioden, in denen man mit sich selbst etwas weniger vorsichtig umgeht. Das führt nur selten zum Ausbrennen. Vorübergehend intensivere Arbeitsperioden stellen keine Gefahr dar. Auch dann nicht, wenn wir es zwischendurch einmal mit der Erholung nicht so genau nehmen.

Sehen Sie nicht ungnädig auf sich selbst herab, wenn Sie sich in einzelnen Punkten wiedererkennen. Alle Menschen haben Schwächen und fragwürdige Seiten. Den Ausschlag gibt allein, wie wir damit umgehen.

Vom Erkennen zum Tun

Zu jedem Kapitel gehören einige Übungen, von denen manche einfacher, andere etwas schwieriger sind. Natürlich kann man das Buch auch nur lesen und trotzdem eine Menge profitieren; doch es ist nicht in allen Fällen möglich, sich Einsichten anzulesen. Erst wenn wir etwas selbst niederschreiben, es mit Freunden durchsprechen und durchdenken, kommen wir weiter.

Wir, Barbro und Nina, geben den Rat, systematisch vorzugehen, zu zeichnen und aufzulisten. Von großem Vorteil ist es, große Bogen und dicke Farbstifte zu verwenden. So unwahrscheinlich es klingt, aber wenn man groß und deutlich schreibt, leuchtet das Geschriebene viel besser ein. Und man steht auch – unbewußt – ganz anders für das ein, was man groß hingeschrieben hat, als für ein Zettelchen mit schwachem Bleistiftgekritzel, das man heimlich in der Tasche verschwinden lassen kann.

Natürlich können diese Übungen nicht jedes Problem lösen. Sie sind als Stütze gedacht, damit Sie die ersten Schritte hin zum Umschwung auch wagen.

Lesen Sie, wählen Sie aus, sortieren Sie, mischen und machen Sie die Übungen, die Ihnen zusagen! Sie können unmöglich alle machen...

Die Übungen führen zu Einsichten, die zu Taten weiterführen. Sie müssen vielleicht umziehen, sich scheiden lassen, einen anderen Posten annehmen, mit der Faust auf den Tisch hauen, Magengeschwüre ausheilen, auf eine interessante Arbeit verzichten, sich eine Weiterbildungsmöglichkeit schaffen, das Auto verkaufen, zum Therapeuten gehen usw., ehe Sie wirklich zufrieden sind und sich so fühlen, wie Sie sich fühlen möchten. Kurz gesagt: Es kann dabei Blut, Schweiß und Tränen geben.

Sie müssen selbst beurteilen, ob Ihr Leben und Ihre Gesundheit diesen Preis wert sind. Niemand anderer kann das für Sie entscheiden.

Dafür versprechen wir, daß Sie sich viel besser fühlen, mehr Freude haben, das Leben leichter nehmen und eine Menge neuer Dinge lernen werden.

Als Barbro und Nina sich kennenlernten, verstieß Barbro gegen neun von diesen zehn Punkten. Heute, sechs Jahre später, hat sie nur noch mit zweien Probleme. Einen ganz ähnlichen Prozeß hat Nina durchgemacht.

Vielleicht nennen manche Leute Sie ›unmöglich‹! Aber bedenken Sie immer, wieviel nicht möglich wäre, wenn keiner das Unmögliche versuchte!

Vergessen Sie nicht, rechtzeitig den Blinker zu betätigen und Ihre Umgebung zu warnen, wenn Sie im Begriff sind, sich zu ändern. Es gibt nichts, was die Menschen so leicht mißtrauisch macht, wie plötzliche Verhaltensänderungen. Lassen Sie ihnen Zeit, helfen Sie ihnen mit Erklärungen, und begegnen Sie allen mit Geduld. Lassen Sie die Veränderung schön nach und nach reifen.

Ein freundliches Ablehnen ist besser aus tausend Argumente.

Sie sollen nicht zum Experten im ›nicht Ausbrennen‹ werden. Ihre neue Art zu leben soll nicht zu neuen Ansprüchen führen, die Sie wieder − wenn auch anders − belasten.

Jetzt wollen wir noch ein wenig träumen. Wir möchten − wenn Sie dieses Buch gelesen haben −, daß

- Ihnen leichter ums Herz ist;
- Sie voller Neugier und Mut sind;
- Sie es wagen, das Leben zu führen, das Sie leben wollen;
- Sie begriffen haben, was für ein einmaliger Mensch Sie sind und was noch alles in Ihnen steckt;
- Sie sich selbst an Leib und Seele netter behandeln;
- Sie sich wohlfühlen, Kraft haben, bis zur Pensionierung zu arbeiten, und daß Sie sich dann auch noch viele, viele Jahre wohlfühlen;
- Sie sich trauen, Ihre Meinung zu vertreten;
- Sie mehr Zeit aufbringen, um wie Ferdinand der Stier unter der Korkeiche zu sitzen und an den Blumen zu riechen!

1

Wir hören die Warnsignale unseres Körpers nicht

Körper und Seele sind eine Einheit. Das übersehen wir oft. Daher behandeln wir beides verschieden. Die Seele ist für uns etwas Großartiges. Aber den Körper unterdrücken und verleugnen wir. Und was das Schlimmste ist: Wir halten ihn für bedeutungslos. Ha! Der Körper ist nur dazu da, unseren Kopf zu transportieren! Wer wird behaupten wollen, das Gehirn sei nicht die Krönung aller Dinge!

Viel zu viele Erwachsene leben, als sei alles vom Hals abwärts überhaupt nicht vorhanden. Dadurch wird uns unser Körper fremd. Wir wissen kaum, wie er funktioniert und was er braucht. Und selbst wenn wir wissen, was ihm gut tut, sind wir nicht immer bereit, es ihm zu geben. Sich zu bewegen ist ja viel zu lästig − und richtige Ernährung oder vernünftige Gewohnheiten ebenso.

Oft sind wir auf unseren Körper überhaupt nicht stolz. Er ist pickelig, zu dick/mager/lang oder kurz. Er ist abstoßend und irgendwie unser Gegner!

Aber was täten wir denn ohne unseren besten Kumpel. Wir könnten ohne unseren Körper weder Protokoll schreiben noch Fußball spielen oder Kartons schleppen. Und trotzdem leben wir dahin, als wären wir ihn am liebsten los.

Wir dürfen uns nur ja nicht hinters Licht führen lassen, nur weil der Körper weder große Worte macht noch seine Beobachtungen niederschreibt. Der Körper spricht auf seine eigene Weise zu uns. Er spricht durch Schmerzsignale, wenn er leidet, und durch Wohlbehagen, wenn es ihm gutgeht.

Als Barbro im Sozialdienst arbeitete, kam es immer wieder vor, daß ihr Magen streikte. Jahrelang hatte sie

Magenbeschwerden, und der Arzt führte das nur auf einen ›empfindlichen Magen‹ zurück. Nie wurde von der Seele oder von der Arbeit gesprochen. Bis sie sich einmal mit schmerzendem Magen aus dienstlichen Gründen zu einem Hausbesuch schleppen mußte.

»Verflixt und zugenäht, daß man sich auf dich nie verlassen kann!« knurrte Barbro ihren Magen an. »Jetzt soll ich einen Hausbesuch machen und habe solche Schmerzen, daß ich kaum laufen kann. Du machst mich noch verrückt. Warum mußt du immer...? Was hast du gesagt? Du möchtest mehr Medikamente?« Und sie nahm ein fürchterliches Medikament ein, das nach Gips schmeckte.

Als sie bei der Familie ankam, hatte sich ihr Magen nicht beruhigt. Er reagierte nicht mehr auf schmerzstillende Mittel.

Barbro wankte buchstäblich zu der unglücklichen Familie hin (die jetzt ihretwegen unglücklich war und nicht wegen ihrer eigenen Situation), und man legte sie aufs Sofa. Dort lag sie nun und versuchte ein Gespräch mit ihren Klienten zu führen, während diese ihr warme Milch einflößten.

Zog Barbro nun etwa Schlüsse aus ihrer Situation auf dem Sofa? O nein, sie schleppte sich weiter und bezichtigte sich selbst der Unzulänglichkeit.

Kauko ist Chiropraktiker und Spezialist für Wirbelsäulen und Muskelverspannungen. Wir fragten ihn, warum so viele Menschen erst in seine Sprechstunde kommen, wenn sie sich jahrelang herumgequält und nie etwas gegen ihren Zustand unternommen haben.

Er gab uns folgende Antwort:

»Ich habe den Eindruck, daß viele Menschen meinen, der Körper müsse irgendwie weh tun. Sie befinden sich in einem Jammertal und müssen leiden. Sich wohlzufühlen, ist längst keine Selbstverständlichkeit. Die Leute meinen, sie müßten sich anpassen. Sie haben gar nicht den Mut, einen gesunden Körper vorauszusetzen. Und sie glauben, daß sie auf Frohsinn und Zufriedenheit kein Recht haben.

Was allein zählt, ist das Gehirn mit allen seinen Funktionen. Die elektronische Datenverarbeitung (EDV) steht als Symbol einer perfekten Intelligenz an oberster Stelle. Sie läßt sich nicht von Nebensächlichkeiten wie Gefühlen, Krankheiten, Kinderkriegen und anderen irdischen Nichtigkeiten stören. Sie ist das absolut nur noch produzierende Gehirn, das man kaufen, verkaufen und abschalten kann, wie es einem paßt. Die Datenverarbeitungsmaschine ist immer zur Arbeit bereit. Das menschliche Gehirn ist bei einem Vergleich in jeder Weise unterlegen.«

Der natürliche Körperrhythmus

Jeder Mensch hat seinen Rhythmus, der dem 24-Stunden-Tag mit Schlaf und Aktivitäten einigermaßen entspricht. Er hat auch einen eigenen Rhythmus, der meldet, wenn er Ruhe oder Nahrung braucht oder wenn er sich betätigen will. Diesem körpereigenen Rhythmus wird nur selten eine Chance gegeben. Wir lassen uns leiten von Uhr, Pflichten und vielen anderen ›Muß‹.

Ninas persönlicher Rhythmus stimmt nicht ganz mit dem 24-Stunden-Tag überein. Er ist etwas kürzer. Folgte sie ihrer eingebauten Uhr, ginge sie von Abend zu Abend etwas früher schlafen und stünde immer früher auf. Bei ihrem Beruf läßt sich das nicht machen. Keiner ihrer Kunden wäre davon begeistert, morgens um fünf angerufen zu werden, um Verkaufsstrategien oder das Lay-out einer Broschüre zu besprechen. Um diesen Störfaktor auszugleichen, macht Nina oft mitten am Tag ein Nickerchen, oder sie nimmt sich Zeit zum Meditieren.

Was hindert uns eigentlich, unseren ganz persönlichen Biorhythmus zu finden und dann auch danach zu leben?

Nun: Wir schielen viel zu oft auf den Nachbarn. »Ich bin hier wohl der einzige, den dieser Krach stört!« (Schlußfolgerung: »Bei mir stimmt was nicht, denn ich halte viel weniger aus als alle andern.«)

Es gibt nun einmal Menschen, die weniger Streß, Lärm und Belastung vertragen als andere. Manche brauchen eine besondere Diät, um sich wohlzufühlen. Eigentlich sollten wir das selbstverständlich finden! Doch meistens machen wir die andern nach – aus Angst, jemand könnte uns für einen Sonderling oder gar für ›nicht normal‹ halten, und wir liefen Gefahr, alleingelassen außerhalb der Gemeinschaft zu stehen. Wie viele Kekse und Tassen Kaffee haben wir strahlend zu uns genommen, nur um akzeptiert zu werden und mit den andern zusammensein zu dürfen?

In Betrieben, wo viele Beschäftigte die Warnzeichen ihres Körpers mißachten, erhöht sich der Schwellenwert für die als normal angesehene Belastbarkeit. Der Außenstehende erschrickt – aber die Betriebsangehörigen halten die häufigen Alkoholprobleme, Magengeschwüre und sogar Herzinfarkte für ganz normal.

Wenn wir nachmittags ein bißchen müde werden, schließen wir daraus nicht etwa, daß unser Körper so reagiert, weil wir um sechs aufgestanden sind und den ganzen Tag durchgearbeitet haben... Nein, wir glauben, daß wir Kaffee, etwas Süßes (auch das wirkt aufputschend!) und eine Zigarette brauchen. Wenn Ruhe, Bewegung oder frische Luft das richtige wären, denken wir uns: »Schmerz/Müdigkeit einfach ignorieren! Ich kann schließlich meinem Körper nicht nachgeben! Mein Kopf, mein Wille haben es so geplant. Ich will. Ich muß. Ich soll!«

Abends, wenn uns nach all den Stimulantien das Einschlafen schwerfällt, nehmen viele von uns Schlaftabletten. Immer und immer wieder überlisten wir Rhythmus und Alarmzeichen unseres Körpers. Zum Schluß gehen die kleinen Warnsignale in einen schmerzenden Rücken, einen brennenden Magen, ein nervöses Herz und streikende Organe über. Wir sehen uns vielleicht gezwungen, uns für längere Zeit krank schreiben zu lassen oder den Beruf überhaupt an den Nagel zu hängen.

Es geht ja nicht nur darum, daß uns die Gefahr des Ausbrennens droht, wenn wir mangelnden Kontakt zu unserem Körper haben. Wir verlieren auch das Gefühl für das ökologische System, dessen Teil wir sind. Wenn wir glauben, ohne Einklang mit dem Körper wie freischwebende Gehirne funktionieren zu können, schleicht sich der Gedanke ein, daß wir auch nicht im Einklang mit der Natur zu stehen brauchen. Wir sehen und hören die Warnsignale der Natur nicht oder werden ihnen gegenüber gleichgültig.

Nina weiß, was passieren kann, wenn man nicht auf seinen Körper hört. Zweimal hintereinander ist sie schwer krank gewesen – insgesamt anderthalb Jahre. Sie hatte fieberhafte Gelenksentzündungen, hohe Blutsenkungswerte und ständige Schmerzen.

Barbro interviewt sie:

BARBRO: Hast du irgendwelche Warnsignale gespürt, ehe du krank wurdest?

NINA: Ja, schon, aber ich habe sie nicht ernstgenommen. Ich habe es nie für möglich gehalten, daß ich einmal krank werden könnte.

BARBRO: Was hast du gemacht?

NINA: Ich war dauernd müde und hatte Schmerzen in den Knien, dachte aber, das würde sich bessern, wenn ich mehr Bewegung hätte. Ich habe also ein paar Laufrunden mehr gedreht. Ich bin -zig Kilometer pro Woche gelaufen.

BARBRO: Und hast nicht begriffen, daß du Ruhe brauchst?

NINA: Irgendwo im Unterbewußtsein wußte ich das – aber ich habe nicht auf diese Stimme gehört. Mein Wille hat mich vorangetrieben.

BARBRO: Aber dein Zustand hat sich verschlechtert...

NINA: Ja, nach einem Monat mußte ich ins Krankenhaus. Da habe ich mir dann in den Kopf gesetzt, daß ich keine Hilfe brauche, daß ich mich selbst wasche, anziehe und allein auf die Toilette gehe, obwohl mir bei jeder Bewegung fast die Tränen kamen. Ich bin auf Krücken herumgehumpelt, um die Knie zu entlasten; dadurch habe ich meine Handgelenke überanstrengt, so daß die sich auch entzündeten! Da erst kommandierte mich Schwester Ingrid ins Bett. Ich folgte und blieb liegen. Später verbrachte ich noch ein paar Monate im Rollstuhl.

BARBRO: Was hast du dir dabei so gedacht?

NINA: Als es besonders schlimm war, nicht einmal viel. Man bringt keinen Gedanken zu Ende, wenn es einem so schlecht geht. Das einzige Ziel war, die Schmerzen loszuwerden. Mir wurde nach und nach klar, daß mir mein Wille zum Feind geworden war. Er machte meinen Körper kaputt. Ich war durch und durch unglücklich, konnte aber das Bild von mir selbst als einem Menschen, den kein Sturm umschmeißen kann, nicht aufgeben. Nach und nach konnte ich dieses Bild dann doch loswerden... Man muß das einfach schaffen. Aus Eigenliebe.

BARBRO: Und wie ging es weiter?

NINA: Erstens habe ich jetzt eine Heidenangst davor, daß ich wieder krank werde. Wahrscheinlich achte ich jetzt fast übertrieben auf meinen Körper! Ich schnappe fast über, wenn meine Gelenke auch nur ein klein wenig schmerzen. Aber ich bin lernfähig. So habe ich gelernt, daß mein Geist stärker ist als mein Körper. Ich habe erkannt, daß ich versagen und hilflos sein darf und trotzdem geliebt werde. Du zum Beispiel hast mir den Mut gegeben, meinen Perfektionismus fahren zu lassen.

BARBRO: Noch etwas?

NINA: Mir wurden in meinem Leben zwei Pausen
gewährt, die ich mir normalerweise nie gegönnt
hätte. Ich habe meiner Lebensangst begegnen
dürfen, habe gelernt, sie zu verarbeiten – und
ich habe dadurch viel mehr Selbstvertrauen
gewonnen. Es macht jetzt viel mehr Spaß, Nina
zu sein – auch wenn ich mich manchmal mit
steifen und schmerzenden Gelenken abfinden
muß.

Ich bin dankbar dafür, daß ich lebe, daß ich etwas so
Phantastisches besitze wie einen Körper? Ein zweibeiniges
Mirakel, dafür geschaffen, dem Leben zu begegnen, es zu
lieben und zu verändern. Der Mensch ist ein phantastisches Wesen, das einen Regenbogen in sich trägt. Er fühlt
die Haut der Geliebten und die Wärme der Sonne. Atmet
den Duft von Meer und Tang. Schmeckt das frische kalte
Wasser. Blickt über schöne Landschaften hin und schaut
in Kinderaugen. Er hört das knisternde Feuer und die
Stimmen, die seinen Namen rufen.

Das kleine Kind nähert sich der Welt durch seinen Körper. Es greift, saugt, riecht und schmeckt. Es erlernt das
Gehen mit Freude und genießt seinen Körper. Schließt ent-
zückt Bekanntschaft mit seinen eigenen Füßen. In seinem
Körper soll sich das Kind geborgen und sicher fühlen.

Der erwachsene Mensch starrt erstaunt seine Füße an
und sinniert: »Bin das wirklich ich?«

Aber auch er muß sich geborgen und sicher in seinem
Körper fühlen. Allmorgendlich soll er seinem Körper mit
Freude begegnen. Erwarten, daß es ihm gutgeht. Daß die
Erde ein schöner Ort zum Verweilen ist und nicht ein Jam-
mertal.

Der schwedische Dichter Hjalmar Gullberg schrieb das
Gedicht ›An einen Amateur bei Rücksendung des Manu-
skripts‹. Darin schildert er, wie er einen Brief von einem
jungen Bewunderer bekam, der sich gerade in einer see-
lischen Krise befand. Hjalmar Gullberg war zu diesem

Zeitpunkt krank und erschöpft und hatte nicht die Kraft, ausführlich zu antworten.

Sein Gedicht endet so:

»Sie sind ein gesunder junger Mann,
zu der, die Sie liebhaben,
müssen Sie gehen mit Ihrem Konflikt.
Sie hat die Lösung. Notieren Sie:
Ein Duft von Flieder und Leib
an Leib – alles andre ist
Lüge und verdammtes Gedicht.«

Was soll ich tun?

Finden Sie Ihren natürlichen Rhythmus wieder. Beobachten Sie zunächst einmal Ihren natürlichen Rhythmus, und schenken Sie Ihren Körpersignalen Beachtung. Werten Sie Müdigkeit als Ruhebedürfnis (und denken Sie nicht gleich, Ihr Körper läßt Sie im Stich), deuten Sie Hunger als das Bedürfnis zu essen, und Harndrang als Zeichen, daß Sie auf die Toilette gehen müssen (auch während der Arbeitszeit muß Zeit sein). Schmerz und Verspannungen bedeuten, daß Sie eine Pause einschalten und sich fragen sollten: »Was will mein Körper mir jetzt sagen?«

Es ist ganz in Ordnung, sich krank schreiben zu lassen. Vielleicht geht es Ihnen so schlecht, daß Sie ohne eine vorherige gründliche Ruhepause gar keine Veränderung mehr herbeiführen können. Manchmal braucht der Körper mehr als die paar Tage, die Sie ohne ärztliches Zeugnis zu Hause bleiben können, um wieder ins Gleichgewicht zu kommen. Sorgen Sie in diesem Fall für einen längeren Krankenurlaub – und nehmen Sie ihn mit gutem Gewissen! Wenn Sie Ihre Arbeit so krank macht, daß Körper und Seele aus dem Gleichgewicht geraten, haben Sie auch ein Anrecht auf Krankengeld. (Zur Information: Die

Krankenversicherung ist für Menschen da, die durch ihre Arbeit krank werden. – Oder haben Sie bis jetzt angenommen, Krankengeld sei für alle andern da, nur nicht für Sie?)

Manch einer braucht nun mal das Einverständnis des Arztes. Barbro gehört zu diesen Leuten. Als sie bei der Sozialbehörde arbeitete, blieb sie nur im Bett, wenn ein Arzt sie krank schrieb. Ansonsten erlaubte sie sich Krankheit nur an Wochenenden, Feiertagen und im Urlaub. Die perfekte Beamtin schlechthin. Sieben Jahre hintereinander war sie über Weihnachten krank ...

Wenn Sie schon fast wieder auf den Beinen sind, sehen Sie doch einmal die Tabelle mit den Streßpunkten auf S. 27 f. durch und überlegen Sie, was Ihnen im letzten Halbjahr so alles passiert ist.

Manchmal hilft es, eine Weile wegzufahren, um sich gründlich auszuruhen. Einerseits erliegt man dann nicht der Versuchung, im Betrieb anzurufen und nachzufragen, ob es ohne einen überhaupt geht. Andrerseits verhindert man Störungen durch Kollegen ... Einfach die Telefonschnur aus dem Stecker zu ziehen, wäre auch eine Möglichkeit ...

Krankheit als Wegweiser. Wir könnten sogar lernen, die Bedeutung von Krankheit neu zu bewerten, könnten überdenken lernen, daß sie uns etwas *lehrt.* Wenn es uns nämlich gelingt, die Symptome richtig zu deuten, erkennen wir auch die von uns begangenen Fehler und die Ansprüche, die rundherum an uns gestellt werden. Aus der Krankheit können wir Erfahrungen ableiten, die uns menschlich wachsen lassen – und wir werden nicht mehr seufzend und verbittert aufgeben. Wir sehen vielleicht ein, daß wir an uns selbst nicht so hohe Ansprüche stellen dürfen und daß Entspannung und Ruhe wichtig sind.

Kopf- und Magenschmerzen nur als Zeichen dafür

anzusehen, daß mit unserem Körper etwas nicht stimmt, heißt, im Leben mehr als die Hälfte zu übersehen – nämlich die psychische Seite. (»Ich habe Magenschmerzen, also stimmt mit meinem Magen etwas nicht...«)

Wir erschweren uns das Gesundwerden sogar, wenn wir dem Körper die ›Schuld‹ zuweisen und nur ihn behandeln. (Ausgenommen sind natürlich durch Umweltgifte und ähnliches verursachte Erkrankungen.) Wir können unseren Zustand sogar noch verschlimmern, wenn wir uns selbst mit medizinischen Begriffen abstempeln: »Ich habe chronische Magenschmerzen« oder »Ich bin ein typischer Migränefall«.

Wir behandeln unseren Körper mit Chemikalien (Medikamenten) und werden die Symptome vielleicht los. Aber genau wie in der Sage wird das tausendköpfige Ungeheuer wieder lebendig. Das geht immer so weiter, solange wir nicht untersuchen, *weshalb* unser Körper so oder so reagiert. Was läßt uns in dieser Situation eigentlich nicht zurechtkommen?

Also Kopf hoch und Augen auf! Sehen Sie sich um! Stellen Sie Fragen an Ihren Körper, wenn er Warnsignale aussendet. Klagen Sie ihn nicht einfach an!

Nehmen Sie die folgenden Punkte durch, um sich bewußt zu machen, was Ihren Streß verursacht. Lernen Sie sich selbst kennen! Nur so können Sie den Problemen entgegentreten.

● WAS könnte die Ursache dafür sein, daß es mir schlecht geht?
● WANN geht es mir schlecht? Zu bestimmten Zeiten? Vor/nach etwas Bestimmtem? Wie oft?
● In welchen SITUATIONEN?
● Bei welchen PERSONEN? (Nicht um jemanden anzuklagen oder einen Sündenbock zu finden!)
● WIE kann ich das bessern? Wie kann ich stärker werden? Wie kann ich dies oder jenes vermeiden?
● WANN soll ich anfangen?

Merken Sie sich: Solange es Leben gibt, gibt es auch Hoffnung. Körper und Psyche besitzen wunderbare Erneuerungskräfte. Nehmen Sie sich Zeit. Es braucht eine Weile, zu sich selbst zurückzufinden.

Lernen Sie Ihren Körper kennen und lieben. Wir sind alle mit der natürlichen Fähigkeit auf die Welt gekommen, uns selbst zu lieben und darüber hinaus Liebe von anderen Menschen anzunehmen. Durch unsere Erziehung wurde diese Fähigkeit nicht selten eingeschränkt. Wir haben frühzeitig gelernt, uns mit anderen zu vergleichen, und dabei sind wir selbst meistens zu kurz gekommen. Als Erwachsene können wir uns die Selbstachtung aber wieder erwerben. Fangen wir gleich mit einigen Übungen an:

Stellen Sie sich vor den Spiegel, und betrachten Sie sich eine Weile. Was fühlen Sie? Entdecken Sie Verspannungen, eine schiefe Körperhaltung? Denken Sie zurück — seit wann stehen Sie so krumm? Was ist damals passiert?

Denken Sie liebevoll an Ihren Körper. Sie müssen ein Leben lang gut miteinander auskommen. Wer sind Sie? Drehen und wenden Sie sich ein bißchen, und kosten Sie das Gefühl aus, sich selbst anzuschauen.

Wenn Sie weitermachen wollen, können Sie einige Affirmationen laut aussprechen. (Affirmationen sind *positive Feststellungen,* die man anwenden kann, um sich selbst in einem besseren Licht zu sehen. Mehr über Affirmationen im Kapitel ›Kluge Gewohnheiten‹ S. 207 ff.) Anfangs werden sie alle recht komisch in Ihren Ohren klingen, aber wenn Sie standhaft weitermachen, gewöhnen Sie sich dran. Und Sie werden den Erfolg sehen.

Ich, Barbro, fühle mich in meinem Körper sicher und kann mich auf ihn verlassen.
Mein Körper ist schön, so wie er ist.
Ich, Nina, höre auf die Warnsignale meines Körpers.

Beginnen Sie angezogen, und entledigen Sie sich nach und

nach aller Kleidungsstücke wie bei einem langsamen, ruhigen Striptease. Sehen Sie sich im Spiegel in die Augen, wenn Sie mit den Affirmationen arbeiten. Üben Sie, wann immer Sie eine Weile allein sein können, solange bis sich Ihre Einstellung zum Körper geändert hat.

Seien Sie darauf gefaßt, daß negative Empfindungen entstehen, wenn Sie sich so sehen. Sollte es wirklich der Fall sein, kommen Sie in aller Ruhe auf Ihre Affirmationen zurück. Werfen Sie sich nicht vor, negativ zu sein. Seit Jahren haben Sie gelernt, sich selbst geringzuschätzen. Es braucht Zeit, daran etwas zu ändern.

Auch Massagen können Ihnen zu einem engeren Kontakt mit dem Körper verhelfen. Es könnte aber ebensogut ein Versuch mit Yoga, Gymnastik, Brotbacken oder Gartenarbeit sein. Sie müssen ganz einfach Ihren Körper mehr gebrauchen! Er ist nicht nur ein Untersatz für den Kopf. — Nehmen Sie aber nur etwas in Angriff, was Ihnen wirklich Spaß macht!

Entspannung. Eine ausgezeichnete Möglichkeit, seinen Körper und dessen Vorwarnsystem kennenzulernen, ist Entspannung. Wir erzählen mehr darüber im Kapitel ›Kluge Gewohnheiten‹ auf Seite 198ff.

2

Was uns fehlt, ist regelmäßige Entspannung

Stellen Sie sich einen Film vor, in dem alles doppelt so schnell abläuft wie normal.

Eine Stadt. Häuser, Parks. Alles bewegt sich schnell. Windgeschüttelte Bäume. Durch die Straßen rasende Autos, Busse, Menschen. Hunde an der Leine zerren ihre Herrchen weiter, und Kinder tigern auf kurzen Beinchen vorwärts. Alle scheinen in dieselbe Richtung unterwegs zu sein.

Sie laufen um ihr Leben. Aber es gibt kein Ziel. Keiner weiß, wie lang die Strecke ist. Ein Wettrennen ist nicht ausgeschrieben. Anfeuerndes Publikum fehlt, es gibt auch keine Funktionäre/keine Dopingkontrollen. Alle rennen freiwillig einem nicht vorhandenen Ziel entgegen.

»Dort ist das Ziel!« ruft einer und zeigt tausend Möglichkeiten von ›Dorthins‹ auf.

»Nein, dort ist es!« ruft ein anderer, und Tausende rennen ihm in dieser Richtung nach.

So sieht das Bild wahrer Torheit aus.

In welche Alpträume ist unser Arbeitsleben und unser Leben überhaupt verstrickt? Universum Open? Mit wem sind wir im Wettstreit? Mit der Sonne? Mit anderen Planeten? Wer könnte uns wohl einen Vorwurf daraus machen, wenn das Gesundheitswesen etwas langsamer ausgebaut würde? Wenn wir auf neue Produkte ein wenig länger warten müßten? Wenn die Ausarbeitung der neuen Lehrpläne für die Schulen drei Jahre in Anspruch nähme? Wenn... wenn... wenn wir nur abspringen und uns selbst von oben auf einem Film anschauen könnten, der ganz schnell abgespult wird: Dann endlich sähen wir, wie absurd alles ist.

Uns ›faulen‹ Schweden hält man gern den Fleiß der Japaner vor. Untersuchungen ergaben jedoch, daß bei einem Vergleich zwischen Bundesdeutschen, Japanern und Schweden die größte Loyalität und Einsatzfreude am Arbeitsplatz in Schweden zu finden ist.

Der Beruf ist wichtig. Sogar ganz unerhört wichtig! Er kann nämlich Spaß machen. Beruf bedeutet Arbeitskollegen, Geld für den Lebensunterhalt, Möglichkeiten vorwärtszukommen, seine Ideen auszuprobieren, herausgefordert zu werden, zu lachen und zu spüren, daß man jemand ist.

Seit der Mensch auf diesem Planeten ums Überleben kämpft, arbeitet er auch. Was er jeweils geleistet hat, war von Zeitalter zu Zeitalter und von Kultur zu Kultur verschieden. Wir graben Brunnen und bedienen Computer. Durch Arbeit weiten wir die Grenzen des Möglichen aus. Wir begreifen Vorgänge und geben ihnen Namen. Jeder versucht seinen Beitrag zur Entwicklung und zum Verständnis des Lebens auf unserem Planeten zu leisten. (Selbst wenn wir im Moment gewissermaßen den Rückwärtsgang eingelegt zu haben scheinen.)

Alles, was als Arbeit angesprochen wird, muß nicht unbedingt mit Geld belohnt werden. Ideelle Arbeit, Haushalt oder Hobbies gehören hierher und dazu eine Menge anderes, was wir unternehmen.

Im Grunde sind wir Menschen Herdentiere. Wir tragen gern zur Entwicklung unserer Herde bei und wollen ihr alle unter gleichen Bedingungen angehören. Es gibt nichts Schrecklicheres, als sich außerhalb dieser Herde zu befinden, nicht gebraucht zu werden. Wir werden zum Tier im Käfig, wenn man uns ausschließt. Wir fühlen uns nicht mehr wohl, gehen im Kreis, der Blick erlischt, und wir werden apathisch.

Trotzdem darf die Arbeit uns nicht alles bedeuten. Sie vermittelt nicht in jeder Hinsicht Sinn oder Gemeinschaft. Wir laufen Gefahr, uns zu sehr mit der Arbeit oder unseren Klienten/Kunden zu identifizieren. Wir müssen uns vom Beruf lösen können und brauchen auch ein Leben, das außerhalb liegt.

Kein Klient/Kunde ist glücklich, wenn er mit einem gestreßten, ausgebrannten, eindimensionalen Menschen zu tun hat, der für ihn unglaubwürdig ist.

Der fröhliche Arbeitsliebende und der geplagte Arbeitssüchtige

Arbeit ist für uns Menschen wichtig. Wir leisten unseren Beitrag in den verschiedensten Berufen mit Lust und Freude. Arbeiten macht Spaß! Ist ein echter Genuß. Es ist wichtig, aussprechen und spüren zu dürfen, daß es ganz in Ordnung ist, wenn jemand seine Tätigkeit liebt.

Ist die Arbeit einmal kein Vergnügen, kann sie es ja noch immer werden. Es ist fast immer möglich, am Arbeitsplatz etwas zu verbessern, es kostet vielleicht nur viel Mühe und Geduld.

In uns schlummert aber auch der geplagte Arbeitssüchtige. Das ist der, der Magenschmerzen hat, schlecht schläft, sich von der Arbeit nicht losreißen kann, nie mit sich zufrieden ist, und der über alle zuträglichen Grenzen hinaus noch die Zähne zusammenbeißt.

Uns allen, die wir den geplagten Arbeitssüchtigen in uns tragen, ist eines gemeinsam: Wir sind nur allzu oft von verborgenen inneren Motiven getrieben — von hochgestochenen Zielen —, die wir uns unbewußt selbst gesteckt haben. Sie werden uns in der Kindheit eingepflanzt. Immer wieder hören wir die Stimmen unserer Eltern und Lehrer flüstern:

»Du kannst viel mehr! Du leistest im Moment zu wenig. Niemand mag dich, wenn du nicht das und das fertigbringst. Werde nur keine Putzfrau wie ich. Du kannst es weiterbringen.«

Viele von uns kompensieren so manches durch Arbeit. Wir fürchten, in der Gemeinschaft ohne äußerliche Statussym-

51

bole nicht anerkannt zu werden. Wir legen dann leicht zu großen Wert auf Verhaltensformen, schuften und fühlen uns doch nie zufrieden. Die Arbeit wird zur Plage, und wir glauben, das auch noch hinnehmen zu müssen. Wir bilden uns ein, weder Freizeit noch Bequemlichkeit zu verdienen, denn − wir haben ja nicht genug geleistet.

Andere Leute wieder lassen sich von angeblichem oder auch echtem Geldmangel treiben. Dazu gehören besonders diejenigen, die ihre Einkünfte durch Mehrarbeit aufbessern können. Dahinterstecken kann unterschwellige Unsicherheit, die zu dem Gefühl führt, nie genug Geld zu haben.

Es gibt die verschiedensten Lötlampen, die uns die Hölle heiß machen. Wichtig ist, daß ich herausfinde, wie mein ganz spezieller Kolben aussieht und wer ihn wann in der Hand hält.

Weder der fröhliche Arbeitsliebende noch der geplagte Arbeitssüchtige fühlt sich wohl, wenn sein Leben aus dem Gleichgewicht geraten ist. Wir müssen immer auch die Stirn haben, manchmal passiv zu sein, auszuruhen und uns etwas schenken zu lassen. Ohne diesen Ausgleich entwickeln wir uns nie zu ganzen Menschen. Wir erstarren mit dem Arbeitsgerät in der Hand und leeren Blickes in einer Pose.

Wir beide, Barbro und Nina, ereifern uns oft darüber, wie gern wir leichten Sinnes und mit Ruhe arbeiten würden, um manchmal unter der Korkeiche zu sitzen und an den Blumen zu riechen wie Ferdinand der Stier. Wir versuchen auch, unser altes Motto ›Alles jetzt!‹ umzudrehen in ›Das Jetzt ist alles!‹.

Unser tägliches Arbeitstempo braucht nicht mehr höhergeschraubt zu werden. Ganz im Gegenteil.

Das Leben bedeutet nicht nur: Produktiv sein! − Es bedeutet auch Ruhe, Freude und Schönheit. Wir sind auf diesen Planeten gekommen, um uns zu freuen und Zeit für die Liebe zu haben − mit Körper und Seele. Die Kinder werden in einer Zeitspanne flügge, die so kurz ist wie der Frühling, und plötzlich sind sie erwachsen. Der Mann/die Frau, mit dem/der wir leben, bekommt – ehe wir uns versehen – Falten. Wozu haben wir uns in unserem Leben eigentlich Zeit genommen? Sind es die Dinge gewesen, von denen wir träumten, als wir diesen Planeten betraten? Wohl kaum!

Wir müssen also erst einmal tief durchatmen. In die Natur hinausgehen, uns in einer kleinen Pfütze spiegeln und den Nacken in Demut beugen vor dem Schönen in uns und unserer Umgebung. Sehen Sie das Leben aus einem anderen Blickwinkel, und haben Sie den Mut, einen Alptraum zu beenden!

Was läßt sich tun?

Der Tagesrhythmus. Unser Arbeitstag wird von einem eigenen Rhythmus bestimmt. Die schwedischen Sozialpartner sind sich einig, daß dieser Rhythmus zu berücksichtigen ist. Der Arbeitsliebende und der Arbeitssüchtige hingegen messen ihm keinen Wert bei. Sie kennen nur Kaffee- und Mittagspause.

Nina bekommt noch heute Magendrücken, wenn sie sich daran erinnert, wie man das im großen Verwaltungsapparat praktiziert hat. Zum einen glaubte sie, keine Zeit zum Kaffeetrinken zu haben. Es gab so vieles, was sie viel lieber tat – ihre Arbeit nämlich. Andrerseits waren Kaffeepausen immer so etwas wie Kurzbesprechungen. Es wurde über Arbeit geredet und nur über Arbeit. Und es waren nicht etwa die gelungenen Resultate, die da besprochen wurden! Nein, es waren die Schwierigkeiten, das Elend und die Mißerfolge. Die Angst umkreiste den Kaffeetisch, während jeder aus dem Meer seines eigenen Elends schöpfte. Statt also ausgeruht und fröhlich nach der Kaffeepause wieder an die Arbeit zu gehen, wankte Nina mit dem siebenfachen Streßpegel und mit Kribbeln im Bauch an ihren

Schreibtisch zurück. Und natürlich hatte sie ebenso den Streß der anderen vermehrt.

Hier ist nun der Zeitpunkt gekommen, darauf hinzuweisen, daß zumindest eine Kaffeepause am Tag und auch die Mittagspause Freizeit sind, auf die wir Anspruch haben. Wir passieren die Stechuhr, bekommen für die Mittagspause nichts bezahlt und sitzen trotzdem jahrein, jahraus und Tag für Tag im Bau und machen Überstunden. Lesen Sie einmal in Ihrem Arbeitsvertrag nach! Und dann versuchen Sie, die Zeit zu respektieren, in der Sie abschalten können. Die Gewerkschaften haben die Arbeitszeitverhandlungen (Freizeit!) doch wohl nicht aus reiner Laune zum Erfolg geführt — oder gar, weil sie ein bißchen unterbelichtet sind? Es steckt sogar sehr viel Sinn dahinter! — Nämlich der, daß es wichtig ist, ab und zu eine Pause einzulegen.

In vielen Arbeitsgemeinschaften, die diesen Zuwachs von Streß erkannt haben, ist während jeder Art von Pausen jede Art von Gespräch über Arbeit streng verpönt; andere wiederum haben Kurzbesprechungen verboten, lassen aber Gespräche über die Arbeit zu, damit das im Dienst Erlebte abreagiert werden kann. Wieder andere wollen den Gedankenaustausch über die eigene Arbeit in den Pausen nicht verbieten, weil sie meinen, das könnte den Streß nur noch mehr hochtreiben.

Positiv zu vermerken ist, daß Kollegen einander besser kennenlernen und oft willkommene neue Bekanntschaften entstehen, wenn als Pausenfüller weniger über Arbeit geredet wird.

Jeder muß aber auch akzeptieren, wenn jemand in seiner Arbeitspause allein sein will. Daß jemand lieber allein Kaffee trinkt, wenn zu befürchten ist, daß andere ihn nur noch mehr verängstigen, oder weil es ganz einfach schön ist, eine Weile abzuschalten. Es bietet sich hier eine wunderbare Gelegenheit zur Meditation, zur Entspannung, dazu, ein kurzes Tonband zu hören oder einen kleinen Spaziergang zu machen.

Spaß haben
ist einfach lustiger.
Nina Vestlund

30 Dinge, die ich gern tue. Wenn wir beide hier von regelmäßiger Entspannung sprechen, meinen wir damit mehr als einmal jährlich einen Urlaub. Es ist wichtig, sich jeden Tag, jede Woche zu entspannen. Du mußt in dein tägliches Leben einen harmonischen Rhythmus bringen, teils, um das Leben lustvoller zu gestalten, teils, um aus einer größeren Ruhe heraus arbeiten zu können.

Die richtige Form der Entspannung ist von Mensch zu Mensch verschieden. Für manche bedeutet Entspannung, ins Theater zu gehen, Sport zu treiben oder ein gutes Buch zu lesen. Andere ziehen vielleicht etwas ganz Ausgefallenes vor. Entspannung kann alles sein, angefangen vom Anhören eines meditativen Tonbandes bis zum Schneeschaufeln an einem sternklaren Abend – oder sogar Heimarbeit, wenn man Kinder hat und nebenbei noch etwas anderes tun möchte. Entspannen bedeutet eben Aus-spannen von dem, was wir normalerweise tun.

Die Übung, die wir im folgenden vorstellen, heißt ›30 Dinge, die ich gern tue‹. Sie ist ganz einfach und sehr brauchbar, um das möglicherweise eingeschlafene Privatleben wieder zum Leben zu erwecken. Merken Sie sich von allem Anfang an, daß ›gern tun‹ nicht unbedingt etwas mit lahmem Fernsehen, mit Pralinés futtern oder mit Schmökern auf der Couch verwechselt werden darf. Aber es kann natürlich auch genau das sein. Es kommt immer nur darauf an, was *Ihnen* Spaß macht.

Zuviel des Guten
kann wundervoll sein.
Mae West

Nehmen Sie einen Bogen Papier und schreiben Sie, was Ihnen gerade einfällt:

55

›*30 Dinge, die ich gern tue*‹ auf. Nichts ist zu umfangreich oder zu gering. Alles zählt!

- Ich gehe gern nackt durch den Regen.
- Ich liebe meinen Mann/meine Frau liebend gern.
- Ich lache gern.
- Ich gehe gern ins Kino.
- Ich spiele gern Bridge.
- Ich denke mir gern Überraschungen aus.
- Ich mache gern... usw.

Und nun wählen Sie, *woraus* Sie mehr machen wollen. Fünf Dinge müßten reichen.

Wie können Sie nun mehr aus dem machen, was Sie sich ausgesucht haben? Das zu entscheiden kann schwierig sein. Nicht selten gibt es 1001 Gründe. Das fängt an mit: Ich habe keine Zeit, ich habe keine Gummistiefel, keinen Spaten. Daher ist es von Vorteil, sich für die Übungen jemanden zu holen, der mithilft, alle Einwände in den Wind zu schlagen.

Wann sollen Sie anfangen? Der ehrliche Vorsatz, die Übung durchzuführen, erfordert die Festsetzung eines Datums. Sonst schiebt man es nur immer vor sich her. Das hängt damit zusammen, daß es so schwer ist abzuschalten. Merken Sie sich, daß das, *was* Sie tun wollen, sicher mit anderen Menschen zusammen getan werden kann. Kinder können Sie hinaus ins Freie begleiten, beim Brotbacken hilft Ihnen gern eine Freundin usw.

Sollten Sie sich nicht sicher sein, ob Sie bei der Stange bleiben werden – dann suchen Sie sich einen Kontrolleur, der überprüft, ob Sie wirklich machen, was Sie sich vorgenommen haben.

Diese Übung läßt sich auch gut in der Arbeitsgruppe verwirklichen. Die Liste könnte in diesem Fall zweispaltig angelegt werden – links das Arbeitsleben und rechts das Privatleben.

Nichtstun. Erinnern Sie sich noch an diesen scheußlichen Tag im Betrieb, als nichts funktionierte und der Streß immer schlimmer wurde? Es war schon fast fünf Uhr, und es gab immer noch einen Haufen zu tun. Sie wurden immer ungeduldiger. Sie konnten einfach nicht mehr denken und waren einer Panik nahe.

In einer solchen Situation heißt es: Den Mut haben, mit der Arbeit aufzuhören. Es klingt paradox, einfach wegzugehen, wenn das reine Chaos herrscht und eine Menge zu tun ist. Aber gerade da erfüllen die Pause, die Entspannung, der Spaziergang ihre Funktion.

Lassen Sie die Arbeit liegen, wenn sie Sie zu verschlingen droht, wenn der Streßpegel im Körper ansteigt und Sie sowieso nicht klar denken können. Unterbrechen Sie, laufen Sie eine Runde, bewegen Sie sich. Die Arbeit liegt immer noch dort, wenn Sie zurückkommen.

Machen Sie im Sitzen eine kleine Pause. Wenden Sie sich vom Schreibtisch/der Arbeit ab. Bewegen Sie die Schultern, die Arme ein wenig, drehen Sie den Kopf ganz vorsichtig im Kreis, und atmen Sie ein paarmal ganz tief durch. Manche Heilgymnasten raten auch Frauen, sich so hinzusetzen, wie Männer es tun: Arme auf die Oberschenkel legen und mit weit gespreizten Beinen den Oberkörper vorbeugen.

Beschaffen Sie sich eine Entspannungs- oder Visualisierungskassette (siehe Literaturliste), und hören Sie sie sich reinen Gewissens an. Das kann hin und wieder die Kaffeepause ersetzen. Ein Tonband hat den Vorteil, daß es Ihnen hilft, von Ihren Touren herunterzukommen, daß es Ihre im Kreis gehenden Gedanken unterbricht, daß Sie dabei aber haargenau wissen, wie lange es dauert. Es gibt im Handel die verschiedensten Tonbandkassetten, und Sie können ganz nach Geschmack wählen. Sie müssen die Stimme mögen, die Sie durch die Entspannung führt.

Sie können natürlich auch selbst ein Band mit Anleitungen besprechen, die Ihnen zusagen. Einen Vorschlag für ein solches hausgemachtes Band finden Sie im Kapitel ›Kluge Gewohnheiten‹.

Meditation. Das Meditieren ist eine gute Entspannungsmethode. Wir, Barbro und Nina, wenden verschiedene Arten an.

Der beste Zeitpunkt zum Meditieren ist nach unserer Erfahrung etwas nach der täglichen Arbeit. Hinterher fühlt man sich bedeutend ruhiger und holt viel mehr aus der Freizeit heraus, weil man die Berufsgedanken abgebaut hat. Es ist fast wie eine geistige Dusche. Man ist von innen heraus erfrischt. Mehr über Meditation steht im Kapitel ›Kluge Gewohnheiten‹.

Der 75. Geburtstag. Stellen Sie sich die beiden folgenden Situationen vor:

● Sie werden 75 Jahre alt. (Herzlichen Glückwunsch!) Sie sitzen in Ihrem Zimmer im Pflegeheim und tun sich an Ihrer Geburtstagstorte gütlich. Die Pflegerin wischt Ihnen gerade den Mund ab. Keine Freunde sind zu Besuch gekommen. Sie hatten immer nur Arbeitskollegen, hatten nie Zeit für Kontakte mit anderen Menschen. Was hatten Sie eigentlich gearbeitet? Das wissen Sie nicht mehr, denn Ihr Gehirn hat vor vielen Jahren durch ein Blutgerinnsel Schaden gelitten. Ihr Körper war total ausgelaugt, weil Sie nie Zeit zur Entspannung hatten.

● Sie werden 75 Jahre alt. (Herzlichen Glückwunsch!) Sie sitzen mit Ihrer lieben besseren Hälfte in Ihrem Wohnzimmer, und Kinder, Enkel, Verwandte sind dabei. Ihre alten Arbeitskollegen sind auch gekommen und sogar Freunde vom Italienischkurs. Sie essen etwas Feines und genießen in vollen Zügen. Nach dem Essen stehen Sie auf und bedanken sich für das Geschenk: eine

Italienreise für zwei. Sie denken voll Freude an Ihre Arbeitsjahre zurück, denn Sie hatten immer für die nötige Erholung gesorgt.

Welche von diesen beiden Szenen gefällt Ihnen besser? Fällt Ihnen die Wahl schwer?

Bejahen Sie das Leben. Schlagen Sie zwei Fliegen mit einer Klappe. Üben Sie sich im Neinsagen, und sorgen Sie dafür, daß Sie sich mehr entspannen können. Halten Sie die Übung einige Wochen durch, sonst bringt sie keinen Erfolg. Schließen Sie mit sich selbst eine Wette ab, daß Sie:

● diese Woche fünfmal *nein* sagen werden, wo Sie sonst immer ja sagen und wodurch Ihnen eine Menge Freizeit verloren geht;

● fünfmal *ja* sagen, wo Sie sonst immer ablehnen. Sie kommen dadurch zu einer Menge Freizeit. Bejahen Sie das Leben. Sehen Sie zu, daß Sie zu erfreulichen Dingen *ja* sagen. *Ja* sagen braucht nicht zu bedeuten, daß erst jemand anderer mit einem Vorschlag zu Ihnen kommen muß. Sagen Sie zuerst einmal *ja* zu sich selbst, und fragen Sie dann, ob jemand mit ins Kino kommt...

Affirmationen

Ich... gönne mir während der Arbeit Pausen.
Es fällt mir... leicht abzuschalten.
Meine Arbeit geht mir leicht von der Hand und macht Spaß.

Große Ansprüche

Wir müssen Ganztagsarbeit leisten – unserer Finanzen und der eigenen Karriere wegen. Und gleichzeitig müssen wir eine Wohnung ohne Staubflocken haben, wie jede anständige Hausfrau. Wir müssen auch gute Eltern sein, die ihrem Kind viel Zeit widmen. Wir müssen in der Gewerkschaft aktiv mitarbeiten oder in einer Partei, der Kirche, dem Mieterschutzverband angehören. Wir müssen täglich unsere Zeitung und auch Fachzeitschriften und Fachliteratur lesen, sonst bekommen wir ein schlechtes Gewissen; wir müssen möglichst stündlich Nachrichten hören und zumindest die Tagesschau sehen; wir müssen Romane lesen, vor allem die des letzten Nobelpreisträgers; uns auf der Kulturseite, der Sportseite und der Seite mit den Sonderangeboten unsere Informationen holen. Wir müssen Sport treiben, gut essen und unseren Kindern frühzeitig gesunde Eßgewohnheiten anerziehen und sie vor allzu giftigen und ungesunden Nahrungsmitteln schützen. Wir müssen uns für Frieden und Umwelt einsetzen, ab- oder zunehmen, das Rauchen aufgeben, mit dem Bewegungssport endlich anfangen oder ihn intensiver betreiben. Wir müssen Frühjahrs- und Herbstputz halten, Wäsche waschen, bügeln, ausbessern, um Geld zu sparen... Geld, ja... Es ist wichtig, ein Wirtschaftsbuch zu führen, ein Budget zu erstellen, das empfehlen alle, die etwas davon verstehen. Wir müssen alle Prospekte überfliegen, die in den Briefkasten gestopft werden, um uns die günstigen Angebote nicht entgehen zu lassen, und müssen dann drei Kilometer durch den Herbstregen radeln, um im entlegensten aller Geschäfte durch Großeinkauf drei Mark beim Hackfleisch zu sparen. Dann ist die Tiefkühltruhe zu füllen, es müssen mehr Großeinkäufe gestartet werden, es muß in Mengen gebacken, vorgekocht werden, und dann können ja die Kirschen im Garten und die Beeren im Wald nicht verfaulen, sie müssen gepflückt, verlesen, entsteint und eingekocht und in Gläser gefüllt werden, die wir in diesem Jahr extra nicht weggeworfen haben, wir müssen sie mit hübschen Etiketten versehen und in ordentliche Reihen stellen, ganz zu schweigen von all den Pilzen, um die es ja schade wäre, oder von all den Vögeln und dem Wild, das zu schützen ist. Und dann muß man sich ja an Feiertagen und Wochenenden ordentlich ausruhen, mit seinen Freunden zusammenkommen und mindestens acht Stunden schlafen. Und schließlich braucht die Familie Vitamine, also muß man den Garten pflegen, das Auto muß gewaschen werden, das Laub beseitigt, der Schnee geschaufelt, das Dach repariert und dann die Mansarde frisch tapeziert werden, sonst kommt es zu teuer. Die Kinder müssen ins Ballett, zum Fußballtraining, zum Reiten und ins Theater gebracht und wieder abgeholt werden, denn man möchte ja nicht, daß sie mit Rauschgift zu tun kriegen. Dann sind da die Elternabende im Kindergarten und in der Schule, und man muß den Kindern vor dem Einschlafen ein Weilchen vorlesen, da man ja nicht will, daß sie nur fernsehen, und im Urlaub ist es wichtig, ihnen etwas Kultur zu bieten, also bleiben wir bei Kirchen stehen und erklären ihnen die geschichtlichen Zusammenhänge; nicht zu vergessen die Schulaufgaben, denn alle andern Eltern helfen ihren Kindern auch. Und dann muß man noch mit den Heranwachsenden reden, ganz davon zu schweigen, wie wichtig es ist, mit dem Ehepartner Kontakt zu halten, damit man jemanden hat, mit dem man dieses Leben teilt, und eine gepflegte Frisur gehört dazu, man muß schick gekleidet sein, denn ein wenig muß man schließlich auch an sich selbst denken, ins Ausland reisen und ein bißchen von der Welt sehen, Zeit für Besuche bei den Verwandten haben, keinen Geburtstag vergessen, ins Kino und ins Theater gehen, die Steuererklärung machen, Kurse besuchen, Weihnachten feiern, eine gute Geliebte sein, und Zeit haben zum LEBEN!

3
Wir stellen zu hohe Ansprüche an uns selbst – und an andere

Zu hohe Ansprüche sind schwer zu erkennen oder gar einzugestehen. Hohe Ansprüche sind etwas so Selbstverständliches. Sie sitzen uns unter der Haut.

Oft, oft betonen Leute, wenn sie über große Ansprüche diskutieren, daß sie *stolz* darauf sind, an sich selbst und an andere hohe Maßstäbe anzulegen.

Wir stellen hier hohe Ansprüche nicht in Frage, nein – sondern nur die *zu* hohen. Ansprüche, die mehr schaden als nützen. Zwischen solchen Ansprüchen und dem Ausbrennen bestehen ganz nahe Zusammenhänge.

Es ist schwer auszudrücken, was *zu* hohe Ansprüche eigentlich sind und was sie nicht sind. Das ist nämlich von Mensch zu Mensch verschieden. Es hängt z.B. von der Leistungsfähigkeit des einzelnen ab, davon, wie seine Gesamtlebenssituation sich gestaltet. Was der eine als angemessenen Anspruch betrachtet, kann für den anderen schon viel zuviel sein. Oder zu wenig.

Wenn Sie während des Lesens der vorhergehenden Seiten ein Ansteigen Ihres Streßpegels beobachten konnten, sollte das jetzt beginnende Kapitel interessant für Sie werden. Verhält es sich nicht in Wahrheit so, daß wir – müßten wir sämtliche in der Liste erfaßten Leistungen bringen – drei Personen sein müßten: eine, die ganztägig ihrem Beruf nachgeht, eine, die das Alltägliche besorgt – und dazu eine, die sich ganztags um die Kinder kümmert. Oder wir müßten uns einen Stab von Bediensteten halten. Wer dafür das Geld hat, dem ist die Lösung seiner Probleme soeben gelungen, und er/sie kann zu lesen aufhören.

Alle andern können entweder über ihre unbemittelten Eltern seufzen oder aber weiterlesen. Sie bekommen eine ganze Reihe von Vorschlägen, wie sie auch ohne Geld mit all diesen großen Ansprüchen zurechtkommen können.

Wer aber könnte behaupten, daß auch alles getan wird, was in der Aufstellung steht.

Die Vorstellung, gleichzeitig eine Hausfrau wie in den vierziger Jahren und eine berufstätige Frau der achtziger Jahre zu sein, bedeutet für viele ein großes Problem. Am schwierigsten ist es, das Leistungsgleichgewicht Beruf/Privatleben zu halten. (Hier müßten wir uns fragen, ob wir nicht ausschließlich die beruflichen Ansprüche als unbewältigbar empfinden. Sie können in ihrer Vielfalt sehr belastend sein.)

Die Wahlmöglichkeiten sind heutzutage groß. Das Leben kann auf so viele verschiedene Arten eingerichtet werden. Um sicher zu gehen, daß wir nicht auf etwas Wichtiges verzichten, versuchen wir, alles gleichzeitig mitzukriegen. Die Folge ist, daß wir unser Dasein mit unseren Ansprüchen bepacken wie einen riesigen Rucksack. Das Leben wird schwer, und die Tragriemen schneiden in die Schultern.

In diesem Rucksack hat auch das schlechte Gewissen sein Gewicht. Nicht das, was wir schaffen, wiegt am schwersten, sondern all das, was wir *nicht* schaffen. Das, woran wir schlechten Gewissens denken, während wir etwas anderes hinter uns bringen.

Wir haben, während wir unserem Beruf nachgehen, ein schlechtes Gewissen wegen der Kinder. Wenn wir zu Hause sind, kauen wir in Gedanken an allem herum, was wir am Arbeitsplatz nicht erledigt haben. Wenn wir Wäsche waschen, haben wir ein schlechtes Gewissen, weil wir nicht öfter mit den Kindern spielen, und wenn wir mit den Kindern spielen, haben wir ein schlechtes Gewissen, weil... Dies läßt sich bis ins Unendliche fortführen. Einen strengeren Arbeitgeber als uns selbst gibt es überhaupt nicht. Das schlechte Gewissen stiehlt uns eine Menge Energie.

Barbro macht in solchen Situationen folgendes: Sie

ermahnt sich selbst – NICHT ALLES JETZT, sondern eins nach dem anderen. EINS NACH DEM ANDEREN!

Unerbittliche Vorbilder

Wie sieht nun eigentlich der Mensch aus, der wir sein zu müssen glauben – der Mensch, der allen Ansprüchen gerecht wird und der einfach alles schafft? Sind wir ihm je begegnet? Manchmal lassen wir uns ganz gern von Illustrierten und Wochenzeitschriften vorgaukeln, daß bestimmte Leute alles spielend schaffen. In der Reportage wird die Kehrseite ja nicht geschildert. Wer will die schon herzeigen? Wer will eine unordentliche Wohnung fotografieren lassen, deren Einrichtung noch aus den ersten IKEA-Angeboten stammt? Es ist doch klar, daß jeder schon Wochen vorher großreinemacht, was das Zeug hält (oder Angestellte hat, die das tun).

Im Grund genommen sind Vorbilder etwas Gutes. Es ist gut, jemanden zu haben, zu dem man aufblicken kann, jemanden, den wir nachahmen können, wenn wir nicht selbst wissen, wie's geht. Es besteht keine Gefahr, sich festzufahren und so etwas wie eine kleine Kopie zu werden. Alle Menschen wollen frei sein und sich mit der Zeit von Vorbildern lösen.

Jeder von uns hat aber auch unerbittliche Vorbilder. Vorbilder, die so phantastisch sind, daß wir keine Möglichkeit haben, sie auch nur im entferntesten zu erreichen. Statt eine inspirierende Kraftquelle zu sein, haben sie nur eine hemmende Wirkung und führen zu keiner wie immer gearteten Entwicklung. Wir werden immer den kürzeren ziehen.

Hier als Beispiele Ninas drei Vorbilder:

- Jill Sanders
- Suzanne Brögger
- Lill Lindfors

Nina wäre gern eine erfolgreiche und vermögende Unternehmerin, wie Jill. Sie möchte schreiben können wie Suzanne und so unterhaltend sein und auch so gut singen können wie Lill. Das alles auf einmal. Es wäre sicher ganz schön anstrengend! (Und alle diese Damen sind auch noch groß gewachsen und sehr schön. Das wäre Nina auch gern – ist aber völlig aussichtslos bei ihren Einsvierundsechzig.)

Sie blickte zu allen dreien auf – und tut es bis heute –, aber jetzt in einer völlig anderen Weise. Nicht zuletzt deshalb, weil sie aufgehört hat, sich mit ihnen zu vergleichen. Früher verlangte sie von sich, ganz allein alle diese phantastischen Eigenschaften zu besitzen, die diese drei Frauen *zusammen* haben!

Nina drehte und wendete ihre Vorstellungen, weil sie wissen wollte, was an ihr nicht stimmte. Denn irgend etwas lief ja verkehrt. Irgendwo. Aber es dauerte Jahre, bis sie klar kam und andersherum fragen konnte:

- Wie kann Jill eigentlich schreiben?
- Wie singt Suzanne?
- Und wie würde Lill ein Milliardenunternehmen führen?

Nina hat keineswegs die Absicht, eine dieser drei Damen zu kränken oder in Frage zu stellen – ganz im Gegenteil. Aber keine dieser phantastischen Frauen könnte ganz allein diesen enormen Ansprüchen gerecht werden, die Nina an sich stellen wollte.

Unsere Aufzählung dieser Ansprüche kann aber auch als eine Summe von Möglichkeiten gesehen werden. Wir können sie mit einem leckeren kalten Buffet vergleichen. Der Tisch des Lebens ist mit allen diesen Herrlichkeiten gedeckt. Jedes Gericht hat seine Vorzüge. Ahhh... Aber es gibt natürlich auch weniger wohlschmeckende Speisen. Das Leben tischt uns alle seine Möglichkeiten auf:

Schau her! Das alles kannst du in deinem Leben tun.

Wäre dies oder jenes nicht besonders verlockend? Bekommst du nicht Appetit? Versuch's! Probiere.

Aber oft genug haben wir das Bild eines anderen kalten Buffets vor uns:

Jetzt iß dich mal an *allem* ordentlich satt! Du mußt! Sonst sehen gewisse Leute dich schief an. Sonst lassen sie dich nicht mitnaschen. Alle andern packen sich ganz viel von allem auf den Teller, und es bekommt ihnen gut. Also los... iß schon!

Stünde ein wirkliches kaltes Buffet mit wirklich Genießbarem vor uns, dann hätten wir protestiert und gesagt:

Nie im Leben! Das alles zu essen schaffe ich nie. Sonst platze ich. Und außerdem kann ich Hering nicht ausstehen und Sülze und Lachsersatz schon gar nicht...

Ein bißchen haben wir daraus nun schon gelernt, was der Körper verträgt und was wir vertragen. Wenn es aber um den Anspruch geht, wir sollen hundert imaginäre Speisen oder Möglichkeiten in uns hineinstopfen, zögern wir nicht. Wir drehen brav Runde um Runde und häufen Anspruch über Anspruch auf den Teller, machen den Mund auf, kauen brav und schlucken verzweifelt. Wenn uns der Magen drückt, bemitleiden wir uns selbst: »Ach, ist mir schlecht. Alle andern vertragen doch auch...«

Mit dem Leben ist es wie mit dem kalten Buffet: Essen Sie, was Ihnen schmeckt, und lassen Sie den Rest stehen.

Nicht nur unsere Rollenvorstellungen haben sich heutzutage verändert. Die ganze menschliche Gesellschaft verändert sich, daß es nur so knistert. Wir haben eine technische Explosion hinter uns, und jetzt befinden wir uns mitten in einer Informationsexplosion. Wir haben das Wissen über unsere Welt bereits gewaltig vermehrt, aber das ist nur der Anfang.

Uns passiert folgendes: Im gleichen Maß wie unsere theoretischen Kenntnisse steigen auch die Ansprüche an unsere eigene Perfektion. Alles sollen wir schaffen und erledigen. Wo wir vor nur zwanzig Jahren mit unserer Weisheit am Ende waren, sind wir heute weit darüber hinaus – und wir versuchen sofort, das Wissen in die Praxis umzusetzen. Die Latte wird im Hochsprungwettbewerb der höheren Ansprüche höher und höher gelegt. Immer mehr sollen wir leisten. Und zwar mit unserem normalen Ich – ohne zusätzliche Ausbildung und mit denselben ganz normalen alten Möglichkeiten. Es ist kein Fehler, die Latte höher zu legen und mitmachen zu wollen. In allen Kulturen haben die Menschen es so gehalten. Aber wir müssen einsehen, daß es Jahre dauert, bis wir gewisse Theorien in eine funktionierende Praxis umsetzen können und auch, daß wir nicht von uns selbst verlangen können, eine Sache – nur weil unser Verstand sie begriffen hat – 14 Tage später auch schon in die Tat umzusetzen. Das braucht seine Zeit. Wir müssen uns selbst die Zeit geben, vernünftige Methoden auszuknobeln, nach denen wir arbeiten können.

Nur Mut! Wählen Sie Ihr Leben selbst

Wenn wir zehn Kilo schlechtes Gewissen herumschleppen, gleichzeitig unter hundert möglichen Gerichten wählen und auch noch perfekte Elitehochspringer sein wollen – dann ist es höchste Zeit, sich die Frage zu stellen: »Was für ein Leben will ich denn wirklich?«

Wenn wir gern Beeren sammeln, Kontakt mit unseren Verwandten pflegen, irgendwo Schriftführer/in sind, dann müssen wir natürlich auch dafür sorgen, daß wir das alles tun können. Diese Ansprüche bewirken vermutlich auch keinen Streß.

Aber was ist mit allen anderen Ansprüchen? Mit Dingen, denen wir aus den verschiedensten Gründen nicht nachkommen wollen oder können? – Dürfen wir unter ihnen eine Auswahl treffen? Damit sie uns wenigstens kein schlechtes Gewissen bereiten? Damit der Rucksack leichter wird und die Latte nicht so unmöglich hoch liegt?

Da gilt es dann, für die getroffene Wahl auch geradezustehen. Denn immer wird es jemanden geben, der uns kritisiert.

Um uns das Leben noch schwerer zu machen, verlangen wir, daß jede Aufgabe, die wir erfüllen, auch hundertfünfzigprozentig gelingt. Etwas anderes kommt überhaupt nicht in Frage. Wir können ausnahmsweise mickrige 100% akzeptieren. Aber 99? Nein, das geht keinesfalls. Es genügt nicht, daß wir in einem mutigen Anlauf wohl das Beste, nicht aber die unmenschliche Höhe schaffen. Alles oder nichts!

Für den, der beispielsweise abnehmen will, zählt allein unbeirrbares Durchhalten. Weicht er auch nur mit einem einzigen Stückchen Schokolade von seinem Vorsatz ab, wird der Abmagerungsversuch sofort abgebrochen. Er war nicht absolut standhaft. Folglich wird ab sofort nicht mehr gehungert und die ganze Bonbonniere auf einen Sitz weggeputzt.

Es gibt noch einen anderen belastenden Vorsatz, der oft genug danebengeht: Es fängt damit an, daß jemand sich sagt: »Denen werde ich's aber zeigen! Sowas haben die noch nicht erlebt. Die werden Augen machen!«

Ein solcher Anlauf ist zum Scheitern wie geschaffen.

Um einigermaßen gut auszusteigen, müssen wir uns mit 80% von dem begnügen, was wir uns vorgenommen haben. Wenn mehrere Personen beteiligt sind, müssen wir einsehen, daß es ohne Kompromisse nicht geht. Vielleicht erreichen wir nur 30 – 40% dessen, was wir uns vorgestellt haben. Deswegen muß das Endresultat noch lange nicht schlecht sein. So ist nun mal das Leben: ein immerwährendes Geben und Nehmen.

Wenn wir lernen, die Zahl unserer Leistungen und zudem noch den Wunsch nach absoluter Perfektion zu reduzieren, haben wir schon viel gewonnen. Dasselbe muß für unsere Umgebung gelten. Es besteht nämlich die Gefahr, daß wir mit unseren superhohen Ansprüchen die Arbeitsfreude anderer im Keim ersticken.

In Berufen, wo dem Menschen geholfen werden soll, stellen wir gern zu hohe Ansprüche an uns selbst. Wir bilden eine Art Sicherheitsnetz zwischen unserem Gegenüber und dem Abgrund. Setzen wir uns nicht voll ein, besteht die Gefahr, daß der Mitmensch über den Rand rutscht.

Dabei schrauben wir die Ansprüche nicht mutwillig herunter oder sagen einfach spaßhalber nein. Wir tun es, um auf lange Zeit im Beruf arbeiten zu können und um nicht nach fünf Jahren auf den Müllhaufen für Ausgebrannte geworfen zu werden.

Wir haben größere Chancen, in den Jahren unserer Berufstätigkeit sehr viele Menschen aufzubauen, wenn wir die Ansprüche an uns selbst etwas zurücknehmen, als wenn wir überambitioniert und unter Streß einige wenige aufrichten — und dann selbst am Ende sind.

Keiner kann jedem helfen.
Jeder kann irgend jemandem helfen.

Wo kommen die Ansprüche her?

Wenn wir Sie nun auffordern, Ihre Leistungen zu reduzieren, fragen Sie als Mensch mit vollem Rucksack: »Ja, aber wie denn?«

Manchmal ist es schon der erste Anlauf, wenn man ein bißchen darüber spricht und dabei feststellt, daß man nicht allein dasteht. Oder wenn man über die Aufzählung lacht, in der am Anfang dieses Kapitels alle möglichen Leistungen aufgezählt wurden. Schließlich ist es wirklich nicht einfach, hier zurechtzukommen. In unserer Vorstellung sind ja alle diese Ansprüche wichtig, und wir müssen sie einfach erfüllen.

Oft hat uns der Wunsch nach großen Leistungen schon in der Kindheit ereilt. Etwa wenn wir spürten, daß wir nicht um unserer selbst willen geliebt wurden, sondern nur dann Lob ernteten, wenn wir *einen Erfolg aufweisen* konnten (etwa ein gutes Zeugnis).

Es fällt fast jedem von uns schwer, sich als das phantastische Wesen zu sehen, das er tatsächlich ist. Zu sehen, daß wir Liebe und Zuneigung wert sind – ohne Weltmeister im Hochsprung zu sein. Wir leiden darunter, wenn wir es nicht schaffen, mit zehn Kilo Gepäck auf dem Rücken drei Meter hoch zu springen.

Warum versuchen wir, Aufgaben zu bewältigen, die kein vernünftiger Mensch von uns verlangen kann? Warum sind wir der Ansicht, wir müßten drei Dinge gleichzeitig erledigen können?

Da gibt es einmal das größte und wichtigste aller Bedürfnisse: das Verlangen, geliebt und beliebt zu sein. Ohne die Liebe unserer Mitmenschen vergehen wir wie Blumen, die nicht gegossen werden.

Wir sind bereit, das Äußerste zu leisten, um von der Gemeinschaft angenommen zu sein. Wir möchten alles recht machen, wollen überall dabei, jederzeit gefällig sein, nur um uns bei den Menschen, die die vielen Ansprüche stellen oder von denen wir meinen, daß sie die vielen Ansprüche stellen, beliebt und unentbehrlich zu machen!

Wir wollen mit niemandem über Kreuz kommen, stauen also Konflikte und Aggressionen auf. Wir wollen nicht als egoistisch und falsch gelten, versuchen also, den Ansprüchen gerecht zu werden – und zwar nicht nur den gerechtfertigten, sondern auch den ungerechtfertigten.

Das ist absolut verständlich. Wir kommen ohne Liebe nicht aus. Die Frage ist nur, ob der Preis nicht zu hoch ist. Wir sollten Mut zu der Erkenntnis haben, daß wir auch dann etwas wert sind, wenn wir nicht unbedingt alles können.

Es ist unvermeidbar, daß wir in unserem Leben bisweilen jemanden enttäuschen. Der andere kommt deswegen noch lange nicht um. Gewöhnlich wecken Seufzer, Blicke und Mienen die Befürchtung in uns, daß wir uns blamiert haben; daß die Gemeinschaft uns ausschließt.

Diese Angst, nicht geliebt zu werden, unzulänglich zu sein, wurzelt wie gesagt tief in der Kindheit, und sie wird nicht über Nacht verschwinden, nur weil Sie dieses Buch gelesen und ein paar Übungen durchgeführt haben. Um die Angst zum Verschwinden zu bringen, müssen wir tiefer in uns hineinschauen und das kleine Kind suchen, das wir einmal waren. Es gibt die verschiedensten Therapieformen, durch die wir lernen können, unzumutbare, krankmachende Ansprüche abzubauen, die uns an Leib und Seele bedrängen. Aber es gibt auch ›einfachere‹ Maßnahmen, die helfen können.

Nina schildert eine Situation, aus der ihre Kollegin Kerstin ihr herausgeholfen hat. Sie hatten entdeckt, daß Nina (in der genannten Reihenfolge) Vater, Großmutter und Großvater (mütterlicherseits) für die Menschen hielt, die besonders viel von ihr erwarteten:

KERSTIN: Und welches Gefühl hast du jetzt?

NINA: Ich finde, wir haben ein bißchen Ordnung in dieses Durcheinander gebracht, ich habe jetzt ein besseres Gefühl. Aber da ist noch etwas; ich kann es nur nicht ausdrücken.

KERSTIN: Gibt es noch jemanden, der deiner Meinung nach Berufserfolge von dir erwartet?

NINA: Ich weiß nicht recht. Es klingt absolut schwachsinnig – es ist einfach unmöglich.

KERSTIN: Sag doch, was du denkst. Ehrenwort, daß ich dich nicht auslache. Ich habe in meinem Leben auch schon eine Menge Blödsinn zusammengedacht.

NINA: Also gut. Die Nachbarn meines Vaters.

KERSTIN: Die Nachbarn deines Vaters?

NINA: Ja, da siehst du, wie blödsinnig das klingt.

KERSTIN: Es ist nicht die Spur blödsinnig. Was erwarten die denn von dir?

NINA: Ich glaube, die vergleichen mich mit ihren Kin-
           dern. Die haben so überdurchschnittliche Kin-
           der. Sie haben die Schule mit Hochglanz hinter
           sich gebracht, sie waren immer Klassenbeste
           und haben im Schülerchor mitgesungen.

KERSTIN: Du weißt, daß gute Zeugnisse für dich über-
           haupt kein Problem gewesen wären, wenn du
           dich nur ein bißchen mehr angestrengt hättest,
           oder?

NINA: Klar, weiß ich, aber ich mochte mich in der
           Schule einfach nicht anstrengen. Jede gestellte
           Aufgabe war ja nur reine Theorie, also interes-
           sierte mich das nicht die Bohne. Ich habe noch
           nie etwas Sinnloses machen mögen. Und außer-
           dem ging mir alles viel zu langsam. Wenn ich
           das, was der Lehrer vortrug, begriffen hatte und
           schon neugierig war, wie es weitergeht, ging die-
           selbe Leier zwanzig Minuten lang weiter. Da
           wurde mir langweilig. Also habe ich etwas
           getan, was mir mehr Spaß machte. Ich habe
           ganz einfach geschwänzt.

Das Gespräch ging noch weiter, aber Nina hatte schnell
erkannt, wie absurd es war, sich mit der Meinung von
Vaters Nachbarn zu belasten. Von da an ließ der Druck
erheblich nach.

Es ist also wichtig, sobald wie möglich zu ergründen,
woher der eingebildete Druck kommt. Erst dann werden
wir ihn los.

Ansprüche gut auseinanderhalten

Um etwas zu differenzieren, können wir sagen, daß der
Leistungsdruck aus vier Richtungen kommt. Die ersten
beiden sind am einfachsten zu erfassen.

72

Selbst auferlegte Ansprüche. Derartige Ansprüche stellen wir bewußt. Sie können groß sein oder gering, vernünftig und unvernünftig, zum Beispiel:

- Ich muß drei Kilo abnehmen. Keine Kekse mehr!
- Ich muß meinen Kindern gegenüber immer ehrlich sein.
- Am Donnerstag muß ich die Hefte fertig korrigiert haben.
- Ich muß Frühjahrsputz halten.

Ansprüche, die von außen kommen. Solche Ansprüche stellen Familie, Freunde, Eltern, Arbeitgeber oder Finanzamt, zum Beispiel:

- Heute bist du mit dem Autowaschen dran.
- Ich brauche deine Hilfe. Wir müssen umziehen. (Ansprüche müssen, nur weil wir sie als solche bezeichnen, durchaus nicht unangenehm sein. Es ist schön, gebraucht zu werden und dabeizusein.)
- Du übersiehst mich in letzter Zeit dauernd. (Appell ans schlechte Gewissen.)
- Deine Arbeitszeit ist von 8 Uhr bis 16 Uhr 45. Du hast maximal 45 Minuten Mittagspause.

Nicht jeder an uns herangetragene Anspruch muß auch vernünftig sein, zum Beispiel:

- Du mußt auf diesem Posten damit rechnen, daß du viel unterwegs bist, jede Woche Überstunden leisten und über das Wochenende Arbeit mit nach Hause nehmen mußt.

Die beiden folgenden Kategorien machen vielleicht größere Schwierigkeiten. Sie sind schwer auseinanderzuhalten und leicht zu verwechseln.

Vermeintliche eigene Ansprüche. Sie führen gern dazu, daß wir uns getrieben und gehetzt vorkommen und nur selten zufrieden sind. Wir haben sie nicht genau definiert.

Und doch liegen sie uns oft wie ein Stein auf der Seele. Manchmal sind uns diese Ansprüche aber auch voll bewußt, nur wissen wir nicht, wer sie eigentlich stellt, zum Beispiel:

- Wenn ich nicht der/die Beste bin, tauge ich nichts.
- Nur 150%ige Ergebnisse zählen.
- Ich muß jeden Job annehmen, der mir unterkommt, sonst komme ich finanziell ins Schleudern.

Vermeintliche Ansprüche anderer. Diese Art von Ansprüchen macht sich meistens nicht durch Worte bemerkbar, sondern in Tonfall, Körpersprache, Schweigen oder Blikken. Oft drücken sie sich im *nicht* Gesagten oder Getanen aus. Zum Beispiel, wenn Lob nicht ausgesprochen wird oder wenn nicht bis zum Schluß zugehört wird. Wenn Sie zum Beispiel zu einer Kollegin sagen: »Ach, bin ich froh! Stell dir vor, ich bin endlich fertig mit...«, und die Kollegin antwortet mit trockener, gleichgültiger Stimme und ausdruckslosem Gesicht: »Ach so. Na, dann ist es ja gut«, dann haben Sie das Gefühl, Sie hätten es besser machen müssen und Sie können nicht einfach zufrieden sein mit sich.

Oft kommen wir nicht von der Vorstellung los, daß andere Leute gewisse Ansprüche an uns stellen. Dabei quälen wir uns selbst mit überzogenen Forderungen. Beispiel: »Meine Familie verlangt von mir, daß die Tiefkühltruhe immer bis oben mit vorgekochten Menüs gefüllt ist, damit sich jeder nach Lust und Laune bedienen kann...«

Vielleicht stimmt das gar nicht. Haben Sie Ihre Familie je gefragt?

Oder: »Der Rasen muß gemäht werden, sonst regen sich unsere Nachbarn auf.«

Haben Sie sie gefragt?

Wir müssen die Dinge also gut auseinanderhalten, und wir müssen uns selbst fragen, ob wir diese Ansprüche mit Recht an uns stellen. Ist die Antwort ein NEIN, wird die nächste Frage lauten: Wo kommen sie her?

Seien Sie gegenüber Worten wie ›müßte‹, ›sollte‹, ›muß‹, ›immer‹, ›nie‹ sehr mißtrauisch.

Bedenken Sie auch, daß Ansprüche kulturell bedingt sein können. In vielen Ländern ist es beispielsweise unerhört wichtig, immer pünktlich zu sein. Dort, wo Digitaluhren noch nicht so üblich sind, verlangt kaum jemand, daß man auf die Minute genau eintrifft.

Wenn wir allen Ansprüchen genügen wollen, die von überallher (auch von uns selbst) auf uns einströmen, verschleißen wir uns innerlich bis zum endgültigen Zusammenbruch. Nach außen hin können wir vielleicht noch manches kaschieren, aber in unserem Innern schwelt ein ständiger Konflikt, der sich früher oder später körperlich auswirkt. Wir bekommen Magenschmerzen, schmerzhafte Verspannungen, Kopfschmerzen, sind ruhelos und stehen ständig unter Streß.

Erst wenn wir den Konflikt ins Bewußtsein holen, aussortieren und auswählen, welche Ansprüche wir erfüllen wollen, geht es uns wieder besser.

Unser eigener Wunsch nach Perfektion wird leicht zur Hölle nicht nur für uns, sondern auch für unsere Umgebung. Auf einer Seite reagieren wir überempfindlich auf Kritik: Wir schnappen ein und geben Retourkutschen. Es kann aber auch dazu kommen, daß wir überwachen, wie andere ihre Aufgaben lösen. Wir weisen sie zurecht und verlangen, daß sie unsere ganz persönlichen Normen akzeptieren. (Das ist übrigens die wirksamste Art, andere zu frustrieren! Sie werden passiv und distanzieren sich von jeder Art Verantwortung.)

Versuchen Sie nicht, sich in einem Punkt um 100%
zu verbessern,
sondern sehen Sie zu, daß Sie in mehreren Punkten
um 1% besser werden.

Birgitta, schon lange gewerkschaftlich tätig, war auf dem besten Weg, völlig auszubrennen. Schließlich versagte ihr

Körper den Dienst. Sie bekam eine ernste Darmerkrankung und beschloß daraufhin, nicht nur ihren Körper, sondern auch ihre Seele zu retten. Sie schilderte sich selbst folgendermaßen:

»Ich war eine Leistungsfanatikerin. Ich mußte immer Ergebnisse herzeigen können, überall gesehen werden und überhaupt die Beste sein. Ich hatte bei jeder Sitzung eine Menge zu sagen und stand unter dem unglaublichen Druck, nur ja gut zu sein, Kommentare abzugeben und ›eine Meinung zu äußern‹, wenn es in der Runde einmal still wurde.«

Als sie sich entschloß, ihren Übereifer ein wenig zu drosseln, fiel das ihren Kollegen natürlich auf: »Du bist aber auf einmal schweigsam geworden.«

Aber Birgitta fand es herrlich, nicht immer eine Meinung herausquetschen zu müssen. Heute läßt sie andern den Vortritt, fragt nach deren Ansichten und Erfahrungen und läßt sie reden. Der Zwang, immer vorn zu sein, ist von ihr gewichen.

»Mach deinen Mitmenschen Platz«, sagt sie mit Nachdruck. »Sei kein Besserwisser, der alles kann, alles weiß und zu allem eine eigene Meinung hat. Sei still und höre zu. Das gilt für Männer ebenso wie für Frauen. Es ist eine vornehme Geste gegenüber deinen Mitmenschen.«

Was tun?

Viele kleine Bächlein fließen. Wenn die täglichen Ansprüche zu belastend werden, können kleinere Veränderungen große Erleichterung schaffen. Sie könnten versuchen, in mehreren Dingen *etwas* besser zu werden, statt in einigen wenigen (oder noch besser: in allen!) viel besser zu sein. Jeder Fortschritt zählt.

Wer zuviel von sich selbst verlangt, sollte sich überhaupt nur Teilziele setzen. Und vergessen Sie nie, sich immer wieder zu loben!

Perfekte Menschen mit perfekten Leistungen in perfekten Wohnungen. Denken Sie über diesen Satz nach, und schreiben Sie dann auf:

- Fünf absolut perfekte Menschen.
- Fünf perfekt gelöste Aufgaben.
- Fünf absolut perfekt gepflegte Wohnungen.

Wie ist es Ihnen dabei gegangen? Es gibt auf dieser Erde doch überhaupt nichts absolut Perfektes. Das bedeutet aber nicht, daß nun alles schlecht oder wertlos ist. Das Bestreben, selbst absolut perfekt zu sein oder etwas derartiges von seiner Umgebung zu verlangen, bedeutet, daß man sich selbst vieles zerstört. Wir sehen dann nämlich nur noch das Negative und klammern uns daran fest.

Haben Sie den Mut, nicht so tüchtig zu sein.

Nur weil Sie alles perfekt schaffen, werden Sie sicher nicht mehr geliebt.

Damals haben Sie sich mächtig blamiert. Erinnern Sie sich an eine Gelegenheit, wo Sie etwas falsch gemacht haben. Es soll möglichst ein grober, augenfälliger Fehler sein, der Sie vielleicht heute noch ein bißchen schmerzt. Was haben Sie aus diesem Fehler gelernt? Schreiben Sie drei Blamagen auf.

Verurteilen Sie sich nicht selbst, sondern stellen Sie in Ruhe fest, daß Sie auch durch diese schauderhafte Sache etwas gelernt haben. Vermutlich haben Sie denselben Fehler kein zweitesmal gemacht. Vielleicht haben Sie sogar andere davor bewahren können, einen ähnlichen Fehler zu begehen? Kurz gesagt: Sie haben Ihr Versagen vielleicht in etwas Gutes umgewandelt, obwohl Ihnen das nie bewußt geworden ist.

Haben Sie den Mut zu Fehlern. Sie sollten sich sogar im Fehlermachen üben!

Eine junge Therapeutin hatte eine Riesenangst davor, sie könnte bei ihren Patienten etwas falsch machen. Sie bekam von ihrem Ausbilder den Auftrag, in einem Gespräch absichtlich fünf Fehler zu machen. Sie befolgte die Anweisung und lernte daraus, daß der Himmel nicht einstürzt, wenn man etwas falsch macht. Sie verlor daraufhin ihre Angst weitestgehend und wurde eine großartige Therapeutin.

Gleich zu Anfang Ansprüche stellen. Es ist schwierig, sein Verhalten zu ändern, der Rolle des Tüchtigen zu entsagen, sich anderer anzunehmen, ihnen weiterzuhelfen. Wenn Sie eine neue Stelle suchen oder neue Aufgaben übernehmen:

● Erkundigen Sie sich genau nach den Bedingungen. Stellen Sie von Anfang an gewisse Forderungen, die zeigen, daß Sie Ihre Zeit einteilen, Ihre Kräfte einschätzen und klare Aussagen machen können. Überlegen Sie dann gründlich, ob Sie wirklich zu diesen Bedingungen einsteigen wollen.

● Wie sehr wollen Sie sich verausgaben: Überlegen Sie, welches Verhältnis von Privatleben zu Arbeit Sie anstreben. Sind es 20% Privatleben und 80% Arbeit? Oder sind Sie für ein Verhältnis von fünfzig zu fünfzig?

Eine Wohnung in der Nähe des Arbeitsplatzes löst vielleicht manches Problem. Es bedeutete kürzere Wege, und vielleicht ist sogar der Kindergarten zu Fuß erreichbar?

Viele Ehen zerbrechen daran, daß ein Partner wenig zu Hause ist. Vergessen Sie nie: Eine Arbeit ist nicht so schwer zu finden, aber eine Familie ist unersetzlich.

Stressende oder nachahmenswerte Vorbilder? Welche Vorbilder haben Sie? Vielleicht schweben sie Ihnen gar nicht bewußt als Ideal vor? Aber denken Sie einmal scharf nach, ob Ihre Mutter, *die* Hausfrau, noch immer als Idealfigur in Ihnen herumspukt. Oder die Kollegin, die einen so untadeligen Eindruck macht? Oder Ihre Cousine? Was schätzen Sie an ihr so sehr? Oder entspringen Ihre Vorbilder vielleicht so etwas wie einem inneren Zwang?

Welche Schwächen haben Ihre Vorbilder? Sehen Sie sich dabei aber auch Ihre eigenen Schwächen etwas näher an. Es dürfte Ihnen nicht schwerfallen, fünf davon aufzuschreiben. Mehr sind nicht nötig. (Sie sollen kein seitenlanges Verzeichnis liefern.)

Jetzt möchten wir, daß Sie die Schwächen Ihrer Vorbilder und auch Ihre eigenen umdrehen und sie als Stärken betrachten. Alles kann nämlich *immer* von zwei Seiten gesehen werden, zum Beispiel:

- Daß Sie oft zu spät kommen, können Sie auch positiv sehen; es ist ein Zeichen, daß Sie konzentriert im Augenblick leben und Zeit und Raum vergessen.
- Daß Sie die Klappe nicht halten können, wenn andere reden, kann auch gut sein; es zeigt nämlich, daß Sie mitdenken, neugierig und rührig sind.
- Daß Sie zu dick sind, ist vielleicht auch nicht so dumm, es zeigt vielleicht, daß Sie das Gute im Leben zu genießen verstehen.

Lagebesprechungen, Arbeitsgespräche. Hier sind wir bei einem Punkt angelangt, der nicht so leicht zu bewältigen ist. Es wäre nämlich gut, allzu hohe Ansprüche bei Lagebesprechungen oder Arbeitsgesprächen nicht unter den Teppich zu kehren, sondern darüber zu beratschlagen. Es hat Vorteile, wenn der Gesprächsleiter ein Außenstehender ist. Nur allzu leicht wird man in der Arbeitsgruppe betriebsblind.

Alles hat Vor- und Nachteile. Natürlich haben auch hohe Ansprüche ihre Vorteile. Die Nachteile dürfen aber nicht übersehen werden. Überlegen Sie, was hohe Ansprüche in Ihrem Leben bedeuten. Denken Sie nach, und legen Sie zwei Listen an.

- 10 Vorteile, die sich für mich aus hohen Ansprüchen ergeben.
- 10 Nachteile, die sich für mich aus hohen Ansprüchen ergeben.

Bringen Ihnen die Vor- oder die Nachteile mehr, wenn Sie ein Ausbrennen vermeiden wollen?

Vom Mut, Ansprüche selbst auszuwählen. Es ist ganz besonders wichtig, sich über diese Übung mit jemandem auszusprechen. Hohe Anforderungen sind uns selbstverständlich, drum können uns Außenstehende leichter helfen, sie ein wenig zu reduzieren.

Zählen Sie in einer Liste die Ansprüche auf, die Sie Ihrem Gefühl nach erfüllen müssen. (Sie können die Liste über hohe Ansprüche auf S. 60f. zu Hilfe nehmen.) Schreiben Sie *alles* auf, was Ihnen einfällt. Bunt gemischt. Ihre Liste wird vielleicht noch viel länger als unsere! Das ist ganz in Ordnung.

Welche Ansprüche wollen Sie erfüllen? Bilden Sie drei verschiedene Gruppen: JA/NEIN/VIELLEICHT. Welchem dieser vielen Ansprüche müssen Sie wirklich gerecht werden? Was passiert sonst? Was hindert Sie daran, sich das auszusuchen, was Sie selbst gern möchten?
Sie dürfen nein sagen und Ihr Leben so einrichten, wie es Ihnen am besten erscheint. Sie sind klug und urteilsfähig.

Wenn hinter manchen dieser Ansprüche eher andere Leute zu stecken scheinen, dann fragen Sie bei diesen nach, ob sie diese Leistungen wirklich von Ihnen erwarten. *Wenn* sie es tun – erklären Sie ihnen, daß Sie nicht alles schaffen. Was können Sie reduzieren?
Denken Sie daran, daß wir nicht ein ganzes langes Leben zubringen können, ohne jemanden zu enttäuschen. Und daß noch jeder solche Enttäuschungen überlebt hat.

Karin stand durch Beruf, Haushalt und Elternrolle fürchterlich unter Druck. Sie stellte ihre Liste zusammen und zeigte sie ihrer Familie. Die Liste enthielt u. a. den vermeintlichen Anspruch ihrer Lieben auf bestimmte Vorräte in der Kühltruhe. Es stellte sich heraus, daß es allen ganz gleichgültig war, *was* die Truhe füllte.

Karin beschloß, nur noch das einzufrieren, was ihrer Familie und auch ihr selbst wichtig schien und auf alles andere zu pfeifen. Der Druck ließ erheblich nach.

Genau dasselbe gilt für Leistungen, die der Betrieb angeblich von Ihnen erwartet. Mutet man Ihnen das alles wirklich zu?

Variante für Fortgeschrittene. Wenn es Ihnen gefällt, können Sie Ihre Leistungen (in der Liste aus der vorigen Übung) weitersortieren. Versuchen Sie herauszufinden, wer die Ansprüche stellt. Unterteilen Sie folgendermaßen:

- Selbst auferlegte Ansprüche.
- Ansprüche, die von außen kommen.
- Eigene vermeintliche Ansprüche.
- Vermeintliche Ansprüche anderer.

Affirmationen

Was ich... mache, ist gut und reicht aus.
Ich... bin klug und urteilsfähig. Ich fasse meine Entschlüsse leicht.
Ich... bin o.k., wie ich bin, und alle Leute mögen und respektieren mich.

4

Ziele und Teilziele sind uns fremd

Das Leben kann so leicht zu einem langen, grauen Strich werden. Wir kämpfen drauflos und sehen nie ein Ende unserer Aufgaben. Und nie haben wir Zeit, innezuhalten, um die Früchte unserer Arbeit zu genießen.

Bei einem solchen Leben ist es wichtig, sich Teilziele zu setzen. Es ist die einfachste Art, das Leben vergnüglicher zu gestalten und das Ausbrennen zu verhindern.

Von Nina hat Barbro gelernt, wie wichtig das ist. Bisher hatte Barbro nur in Kategorien von übergreifenden Zielen gedacht. Da die meisten ihrer Kurse in Semester eingeteilt sind, standen ihr als Ziel nur die Abschlüsse im Juni und Dezember vor Augen. Was dazwischen war, zählte überhaupt nicht. Sie beachtete es kaum, wenn ein Semester zu Ende war − sie war dann nämlich schon mitten in der Planung für das nächste.

Daß sie es schaffte, eine Vielzahl Kurse zu halten, weitere Vorhaben zu planen und sich neues Wissen anzulesen, zählte nicht. Auch gelungene Kurse zählten nicht. Selbst wenn die Kursteilnehmer zufrieden waren − sie war es nie. Für sie zählten nur hundertfünfzigprozentige Erfolge.

Nina brachte ihr bei, jeden Kurs als ein Teilziel zu sehen. Nach jedem Teilziel sollte sie Pause machen und sich eine Belohnung gönnen. Der Druck ließ bei Barbro wesentlich nach, als sie begriff, daß sie auch gegen sich selbst nett sein durfte.

Nisse, Barbros Mann, überzeugte sie, daß auch die Eindrücke der Teilnehmer für sie wichtig waren.

»Wie ist es gegangen?« fragte er.

»Nicht besonders. Ich habe das und das falsch gemacht«, seufzte Barbro.

»Na gut, und was haben die Teilnehmer gesagt?« fragte er ziemlich trocken.

»Komisch. Die waren zufrieden.«

Nach vielleicht fünfundzwanzig Hinweisen von Nisse hatte Barbro endlich gelernt, zufrieden zu sein, wenn die Teilnehmer zufrieden waren.

Jetzt ist sie Fachfrau im Aufstellen von Teilzielen. Wenn alles mehr als zäh und mühsam läuft, setzt sie sich für jede Stunde Teilziele. Das hilft.

Die kleinen Teilziele hatten nur einen Nachteil. Als sie auf die glorreiche Idee kam, sich jedesmal mit Kuchen zu belohnen, nahm sie in kürzester Zeit drei Kilo zu. Nunmehr bleibt sie an der Küchentür stehen und sagt laut zu sich: »Frau, du bist großartig!«

Teilziele stecken zu lernen, ist besonders wichtig, wenn wir eine Arbeit machen, die nur selten positive Ergebnisse zeigt. Bei Berufen, wo der Mitmensch im Mittelpunkt steht, wissen wir oft nicht, ob das erwünschte Resultat erreicht wurde oder nicht. Wer einen kaputten Kopierer repariert, hat es da leichter.

›Arbeit am Menschen‹ funktioniert anders. Hier heißt es nachdenken, sich ein Urteil bilden, ausprobieren, durchdiskutieren, um dann vielleicht eine von fünf Möglichkeiten zu wählen. Da aber sind wir noch lange nicht sicher, ob wir die richtige Wahl getroffen haben. Hätten wir nicht vielleicht lieber dies oder jenes tun sollen?

Es braucht Zeit, Menschen zu verändern und zum Wachsen zu bringen. Vielleicht tragen die von uns gelegten Samen erst nach vielen Jahren Frucht, und wir sind nicht mehr dabei, um uns daran zu freuen. Es ist äußerst selten, daß jemand kommt, um uns von seinem Glück zu berichten. Tut es wirklich einmal jemand – oder erfahren wir Erfreuliches auf Umwegen, dann schweben wir tagelang wie auf Wolken.

Leute, die wiederkommen, haben meistens trotz all unserer Bemühungen noch immer ihre Probleme. Aber vielleicht brauchen sie nur länger als andere. Mit Sicherheit wissen wir lediglich, daß etwas nicht gelungen ist. Da helfen also wirklich nur noch kleinere Kategorien. Wir müssen Teilziele errichten. Sonst halten wir nicht durch.

Zu einer weiteren Gruppe, die es mit dem Durchhalten schwer hat, gehören Leute, die viel Papierkrieg zu bewältigen haben, schreiben, ausfüllen und weitergeben müssen, ohne näheren Kontakt zum Betrieb und der Wirklichkeit hinter den Zahlen und Worten zu haben. Für sie ist es manchmal so gut wie unbegreiflich, was ihre Tätigkeit überhaupt bewirkt.

Ohne positive Ergebnisse werden unsere Arbeitsleistungen irgendwie ins Nichts befördert. Wir sehen nur unsere eigene Unzulänglichkeit; das Selbstvertrauen läßt nach, und wir können uns getrieben fühlen, immer mehr zu leisten, um vielleicht doch irgendwann ein greifbares Ergebnis zu sehen.

Hier wird das Leben zu einem langen, grauen Strich. Wir belasten uns in dieser Situation nämlich selbst, obwohl vermutlich alles nur auf den Charakter der Arbeit zurückzuführen ist. Hier ist das Aufbauen von Teilzielen eine wichtige Voraussetzung: Wir brauchen übergreifende Ziele.

Übergreifende Ziele

Wer arbeitet, ohne das höhere Ziel deutlich vor sich zu sehen, gleicht dem Autofahrer, der nicht weiß, wohin er will. Es könnte ihm unterwegs noch einfallen, aber das Risiko ist ziemlich groß, daß er irgendwo landet, wo er gar nicht sein will.

Wir beide haben im Lauf der Jahre begriffen, daß viele Probleme, die im Ausbrennen enden, auf das Fehlen eines Zieles zurückzuführen sind. Ohne Ziel ist es zum Beispiel unmöglich, Prioritäten zu setzen. Welche Wahlmöglichkeiten hätten wir denn?

Ein nicht vorhandenes Ziel macht uns leicht glauben,

was am eiligsten ist, müsse auch zuerst getan werden, oder daß dem, der am lautesten schreit, schneller geholfen werden muß als allen anderen; daß das, was heftig an unser Gefühl appelliert, den Vorrang hat; und notfalls tun wir eben das, was den Hausfrieden wahrt...

Es ist auch schwer, nein zu sagen, wenn ich nicht weiß, wozu meine Arbeit überhaupt da ist. Man sagt aus lauter Verwirrung zu und steht dann vor Aufgaben, die einfach nicht zu vereinbaren sind. Haben wir ein Ziel, dann kommt das Nein ganz wie von selbst. Da wissen wir ja, was wir wollen.

Zuerst müssen wir uns einmal vergegenwärtigen, was wir auf unserem Posten zu tun haben. Das bedeutet: Wir müssen herausfinden, welche Erwartungen unser Arbeitgeber mit den uns vorgegebenen Zielen verknüpft. Leider ist das nicht immer leicht zu erkennen. Es können dies heehhhre, herrrrliche Ziele sein, die in unserem Leben vielleicht kaum zu erreichen sind. Die Ziele können auch unverständlich und vage formuliert sein, so daß niemand kapiert, was gemeint ist.

Es gibt auch Arbeit, die durch Anweisungen und Gegenanweisungen von Chefs verschiedener Ebenen lahmgelegt wird.

Das Personal einer Krankenhausabteilung bekam eines Tages zwei hausinterne Briefe. In dem einen wurde zur Sparsamkeit aufgerufen. U. a. sollten so wenig Einmalhandschuhe wie möglich verwendet werden. Fein, dachte das Personal. Das werden wir schon schaukeln.

Dann öffnete man den zweiten Brief. Darin wurde das Pflegepersonal ermahnt, beim Umgang mit Patienten, die eine ansteckende Krankheit hatten, besondere Vorsicht walten zu lassen. Die Anweisung lautete: *Immer* Einmalhandschuhe verwenden!

Das gesamte Personal war aufgebracht und verdrossen, vor allem aber ratlos. Jeder hatte das Gefühl, ›die da oben‹ hätten keine Ahnung von seiner Arbeit und scherten sich auch wenig darum.

Die Verwirrung ist total, wenn vom Arbeitgeber nur selten Rückmeldungen in Form von Auswertungen und Anerkennung kommen. Ohne Überblick tappen wir im dunkeln und sind mit uns selbst unzufrieden. Der Konflikt drückt sich in Form von physischen Verspannungen, Magenschmerzen oder Unbehagen und dem Gefühl der Sinnlosigkeit aus.

Persönliche Ziele

Der nächste Schritt ist das Nachdenken über persönliche Berufsziele. Sie sollen im Alltag unsere Leitsterne sein.

Die Ziele müssen realistisch sein! Sie müssen in angemessener Zeit erreichbar sein, sonst erlahmt unser innerer Motor. Ratsam sind Einjahresziele, bei denen Fünfjahresziele im Hintergrund stehen. Unter welchen Voraussetzungen werden wir sie erreichen können, ohne unser Leben zu opfern...

Die Ziele müssen zufriedenstellend und dürfen nicht starr sein. Wir dürfen uns nicht zu fest an unsere Ziele binden, sondern müssen sie abändern können, wenn die Umstände es so wollen. Sie dürfen nicht einengen wie eine Zwangsjacke.

Geben Sie Ihren Zielen eine Chance. Halten Sie auch bei Mißerfolgen an ihnen fest. Geben Sie ihnen Zeit zu Reife und Bewährung. In Barbros Anfangszeit als selbständige Kursveranstalterin hielt sie manche Kursabschnitte beim geringsten Anzeichen von Unzufriedenheit im Kreis der Kursteilnehmer sofort für unbrauchbar. Das lag zum Teil daran, daß das Kursziel nicht fest umrissen war. Es lag aber auch an ihrer eigenen Unsicherheit, ob sie selbst alle Qualitäten besaß, ein bestimmtes Ziel zu erreichen. Nie werden alle Beteiligten am Ziel voll zufrieden sein. Das heißt aber noch lange nicht, daß die Idee schlecht ist. Es zeigt nur, daß andere Menschen sich andere Bilder von der Welt machen.

Auswerten. Wir müssen schon von Anfang an festlegen, wann wir an die notwendige Auswertung gehen. Wann wir analysieren werden, wie es läuft. Was ist gut, und was könnte besser gemacht werden? Danach können wir uns entschließen, ob wir das Ziel so beibehalten, wie wir es uns vorgenommen hatten. Kann vielleicht noch etwas vereinfacht werden? Auf gar keinen Fall dürfen wir uns selbst tadeln, sondern wir müssen Erreichtes auch schätzen.

Dann erst können wir etwas Neues anfangen.

Zum Alltag gehören auch Feste

Hier stimmt jedes Wort! Wir müssen zusehen, daß wir uns selbst belohnen, wenn wir ein Ziel oder ein Teilziel erreicht haben. Erst dann können wir uns in eine neue Aufgabe stürzen. Spaß haben, sich wohlfühlen, eine Pause machen, ein Scheinchen in die Reisekasse legen... oder irgend etwas anderes tun, das wir als Belohnung empfinden. Das Leben darf nie zu einem langen, grauen Strich werden. Über dem Strich muß es in allen Regenbogenfarben schillern, bunte Päckchen müssen dort hängen, Dekorationen, Früchte des Lebens und leuchtende Lampions. Es ist ganz in Ordnung, daß:

- die Arbeit Spaß macht und daß wir sie unterbrechen, um uns selbst zu belohnen. Wie sollte man sonst alles schaffen?
- wir uns selbst belohnen und von unserer Tüchtigkeit überzeugt sind;
- wir andere Menschen belohnen und loben, wenn sie ihre Ziele erreicht haben.

Montagübung. Schreiben Sie alle kleinen Teilziele für die kommende Woche auf. Haken Sie immer gleich ab, was Sie erreicht haben. Allein schon das Gefühl, etwas abhaken zu dürfen, ist herrlich. Aber Sie können es auch umgekehrt halten und aufschreiben, was Sie hinter sich gebracht haben. Dabei fällt der Streß weg, immer vor sich zu sehen, was noch zu erledigen ist.

Nicht alle Ideen müssen verwirklicht werden. Es gibt Leute, die haben pausenlos neue Ideen. Sie wissen immer, was sie machen möchten. Sie wollen eine ganze Menge tun. Und strotzen nur so vor Ideen. Bedenken Sie, nicht alle Ideen und Ziele müssen verwirklicht und erreicht werden.

Barbro könnte als Ideenberaterin arbeiten. Sie spuckt dauernd Ideen aus, die sie dann auch glaubt, verwirklichen zu müssen. Sie kann gar nicht alle im Kopf behalten und sammelt sie in einem hübschen Zettelkästchen. Die Ideen sind also immer zur Hand, wenn sie für sich oder andere eine braucht.

Wenn zu viele Ideen auf sie einstürmen, klebt sie sich einen Zettel ans Telefon: »Keine Ideen mehr in dieser Woche!«

Was können Sie aus Ihrem Ideenfluß machen?

Verträge – Was? Wie? Wann?

Um gesteckte Ziele zu verwirklichen, ist ein Lernschritt wichtig. Sie müssen mit sich und auch mit Kollegen aus der Arbeitsgruppe Verträge schließen. Ein solches Abkommen braucht gar nicht besonders ausgefeilt zu sein! Es vergrößert aber Ihre Chance, ein bestimmtes Ziel zu erreichen. Heben Sie den Vertrag auf, und sehen Sie ihn bei der Auswertung noch einmal durch.

Achten Sie darauf, daß jeder einzelne Vertragspunkt drei Fragen beantwortet:

Was wollen Sie tun? – Hier schreiben Sie ganz einfach auf, was Sie erreichen wollen – also Ihr Ziel; z.B. »Ein Buch schreiben über meine Erfahrungen mit dem Ausbrennen.«

Wie gehen Sie vor? Schreiben Sie konkret auf, wie Sie das Ziel erreichen wollen; z.B. »Zusammen mit Nina schreiben. Kursmaterial sammeln.«

Wann fangen Sie an? – Viele Ziele sind schon am ersten Tag todgeweiht. Wir vergessen zu beschließen, wann wir anfangen wollen. Machen Sie einen realistischen Zeitplan; z.B. »Juni 1989 anfangen. Manuskript Juli 1990 fertig.«

Manchmal ist es auch gut, noch hinzuzufügen: »Wer ist verantwortlich?«
  Schreiben Sie dazu, wer die Hauptverantwortung übernimmt. Gut für alle Beteiligten, sich darauf berufen zu können!

Um sicherzustellen, daß alle Vertragspunkte auch wirklich eingehalten werden, ist es ratsam, jemandem die ›Kontrollfunktion‹ zu übertragen. Das bedeutet: Dieses Kontrollorgan läßt nach einiger Zeit von sich hören. Er/sie fragt nach, wie die Sache läuft, und gibt Ansporn, bis das Ziel erreicht ist.

Teilzieltafel. Für alle, die gern systematisch arbeiten, gibt es diese gute Möglichkeit, Ordnung in Ziele und Teilziele zu bringen. Besonders gut brauchbar in größeren Arbeitsgruppen.

Legen Sie jährlich fünf bis zehn Ziele fest, die durch Gemeinschaftsarbeit erreicht werden sollen. Sie werden auf einem großen Bogen links untereinandergeschrieben. Eine Rangordnung ist nicht erforderlich.

Alle Ziele und Teilziele werden so groß aufgeschrieben, daß kein Gruppenmitglied sie in dem Raum übersehen

kann, in dem die Tafel hängt. Z. B. im Personal-/Pausen-
raum.

Am Ende jeden Monats wird ausgewertet und das/die
Teilziel/e des kommenden Monats geplant. Diese Teilziele
werden dann auf einzelne (gleich große) Zettel geschrieben
und rechts von den Zielen auf die Tafel geheftet.

- Welches zum übergreifenden Ziel führende Teilziel
  wollen wir im März erreichen?
- Wann fangen wir an? Zeitplanung notwendig.
- Wer ist wofür verantwortlich? Wer arbeitet zusammen?

Das eine oder andere Mal wird festzustellen sein, daß das
gesteckte Ziel bei weitem nicht erreicht wurde. Dann ist
entweder das Teilziel beizubehalten oder ein neues zu planen. Es ist immer gut, die Teilzielzettel aufzubewahren.

Gruppenteilziele. Eine für Arbeitsgruppen besonders
geeignete Variante ist, Teilziele für die Gesamtgruppe zu
erstellen.
Einer Gruppe von Heimkrankenpflegerinnen in einer
kleinen Gemeinde im hohen Norden machten die alten
Leute Sorgen. In den Wintermonaten lebten die Frauen
und Männer ziemlich isoliert. Sie brauchten jemanden, der
Schnee schaufelte, und jemanden, der nachsah, ob sie
überhaupt aufstehen konnten.
Das Problem dabei war, daß die Rentner die Hilfe gar
nicht annehmen wollten. Es kam zu teuer. Fünfhundert
Kronen im Monat waren einfach zuviel.
Jeder einzelne der Helfer versuchte mit allen Mitteln, die
Leute zu überzeugen, daß hier übertriebene Sparsamkeit
nicht angebracht war. Man sollte auch an die eigene
Sicherheit denken. Aber nein!
Statt des Ziels, daß jeder von ihnen *alle* von ihm/ihr
Betreuten überzeugen müsse, steckten sich die Helfer/
innen ein Gruppen-Teilziel: Bis zum nächsten Winter soll-

te jede/r drei seiner Schäfchen dazu bringen, die für sein Wohlbefinden notwendige Hilfe anzunehmen. Alle unterstützten einander, brachten Vorschläge ein und erreichten ihr Teilziel.

Arbeitsziele. Wenn Ihnen unklar ist, was nun eigentlich von Ihnen erwartet wird, oder wenn Sie auf widersprüchliche Vorhaben stoßen, ist es am besten, Sie verschaffen sich selbst einen Überblick und stecken sich Ihre eigenen Ziele. Halten Sie Ihre Ambitionen in Grenzen!!! Sie sollten nicht die Probleme der ganzen Organisation lösen.

Lösen Sie die Aufgaben mit anderen Kollegen zusammen.

Versuchen Sie zu ermitteln, welche Ziele es − sowohl offiziell als auch inoffiziell − gibt. Entdecken Sie einander widersprechende Zielsetzungen, können Sie Ihren Arbeitgeber fragen, was ihm am wichtigsten scheint. Je nachdem, welche Position Sie am Arbeitsplatz haben, können Sie selbst entscheiden, wie die Zielsetzungen aufzufassen sind.

Sollten Sie an einem dieser hoffnungslosen Arbeitsplätze sitzen, wo Zielsetzung ein Fremdwort ist − und solche gibt es! − , müssen Sie aus der Situation für sich und Ihre Klienten/Kunden das beste herausholen. Sie lassen doch hoffentlich nicht Unbelehrbare über Ihr Leben bestimmen! Oder?

Stecken Sie sich für Ihren Alltag fünf Ziele. Fügen Sie dann jedem dieser fünf Ziele fünf Teilziele hinzu. Heften Sie sie auf Zetteln an die Wand, oder behalten Sie sie im Kopf.

Affirmationen

Ich... verdiene eine Belohnung, wenn ich meine Ziele erreiche.
Ich... sehe jeden kleinsten Fortschritt und genieße ihn.
Ich... habe realistische Ziele.

5

Wir haben einen schlechten Überblick
über unsere Arbeit

Es macht uns unsicher, wenn wir den Überblick verlieren; aber ebenso verlieren wir den Überblick durch Unsicherheit. Wir wissen nicht, wo wir stehen, warum wir uns gerade dort befinden, wo wir stehen, wissen nicht, woran wir überhaupt arbeiten. Wohin wir unterwegs sind. Kein Wunder, daß es mit dem Wohlbefinden hapert.

Alles häuft sich an, wächst uns über den Kopf. Wir pakken es nicht mehr und wissen nicht, an welchem Ende wir anfangen sollen, sondern bosseln ein bißchen planlos an dem herum, was gerade daliegt, und wissen nicht, ob gerade das im Moment wirklich wichtig ist.

Ein häufiges Symptom ist bei mangelndem Überblick das Verrichten von Scheinarbeit. Wir setzen uns hin, um einen Brief zu schreiben, müssen aber erst in die Materialstelle gehen, um einen neuen Kugelschreiber zu holen, nehmen noch dies und jenes mit und entdecken dabei, daß keine Gummis mehr da sind, gehen zum Materialverwalter, damit er welche bestellt, kommen in unser Zimmer zurück, sehen das heillose Durcheinander in der Schreibtischschublade und fangen an, die Büroklammern der Größe nach zu ordnen, wählen eine Telefonnummer, vergessen inzwischen, wen wir eigentlich anrufen, legen auf, entdecken, daß die Pflanzen länger nicht gegossen worden sind, gehen auf die Toilette, um Wasser zu holen, verrichten unser Geschäftchen, gehen wieder ins Zimmer, stöbern ein bißchen in den Papieren, die erledigt werden sollten, legen einiges im Ordner ab, finden einen Artikel, den wir lesen sollten...

Wenn es eine Zeitlang so gegangen ist, beschleicht uns Panik, weil wir mit einemmal spüren, daß das, was wir tun, nicht zum Ziel führt. Natürlich besteht, wenn wir es hin und wieder so treiben, noch keine Gefahr, daß wir ausbrennen.

Erst wenn wir merken, daß dies unser normaler Tagesablauf ist, wird es Zeit, etwas dagegen zu tun. (Nur nicht *nervös* werden!)

Unsicherheit und mangelnder Überblick können auch mit der Arbeitssituation zusammenhängen. Es werden uns vielleicht widersprüchliche und verwaschene Ziele vorgegeben, weil irgend jemand annimmt, daß wir schon erraten werden, worum es geht. Aber weder der Arbeitgeber noch wir selbst bekommen dadurch einen Überblick.

In der Psychologie gibt es den Begriff der doppelten Botschaften (Double Bind). Das äußert sich darin, daß ein Mensch etwas in Worten sagt, mit dem Körper aber etwas anderes ausdrückt. Wonach soll man sich nun richten?

Kinder, die in Familien aufwachsen, in denen doppelte Botschaften üblich sind, legen oft unsicheres und ängstliches Verhalten an den Tag. Sie wissen nicht, woran sie sind. Kinder sind machtlos. Sie sind von den Eltern abhängig und passen sich ihrer Situation an, um zu überleben. Ein erwachsener Mensch hingegen kann selbst entscheiden, ob er die doppelten Botschaften seines Arbeitgebers hinnehmen oder ob er um eindeutige Verhältnisse kämpfen will. Es ist unmöglich, einander widersprechende Ziele zu verfolgen, also etwa gleichzeitig zu sparen *und* den Aufgabenbereich auszudehnen.

Es gibt aber auch verborgene doppelte Botschaften. Der Arbeitgeber versucht vielleicht nach außen hin den Eindruck zu erwecken: »Wir halten viel auf unser Personal. Uns liegt sehr an Ihren Ideen.« Die interne Botschaft hingegen lautet: »Gib dein Bestes, wir sagen dir dann schon, was du falsch machst.« Kein Wunder also, wenn wir unsicher werden und auf unserem Posten den Überblick verlieren.

Halbwahrheiten

Wenn uns alles über den Kopf wächst, wenn wir Scheinarbeit verrichten und unsere Energie mit Kleinigkeiten ver-
plempern, wird es Zeit, einmal innezuhalten, auszusortie-
ren und Prioritäten zu setzen.

Das Wort ›Priorität‹ ist eine Falle. Im Synonymwörter-
buch steht: »Vorrecht, Vorrang, Vorzug, zeitliches Vorgehen«. Aber das ist nur die halbe Wahrheit.

Barbro und Nina haben selbst viele Jahre gebraucht,
bis ihnen die andere Hälfte der Wahrheit klar wurde. Die
Hälfte nämlich, die nicht in den Wörterbüchern steht.
›Prioritäten setzen‹ bedeutet nämlich auch ›ablehnen und
nein sagen‹. Unter unserem Lebensmotto: ALLES JETZT!
hatten wir verstanden, zu allem, was auf uns zukam, ja,
ja, ja zu sagen. Etwas abzulehnen, war früher undenkbar.

Jedes JA bedingt ein NEIN zu etwas anderem. Das ist die
bittere Wahrheit. Wenn wir das nicht begreifen, landen
wir im lähmenden Sumpf der Entscheidungsangst, wo alle
Dinge gleich wichtig sind. Nichts, aber auch gar nichts
kann mehr abgelehnt werden.

Unsere Entscheidung muß dahin gehen, daß manche
Dinge eben weniger wichtig sind; deswegen sind wir noch
lange nicht undemokratisch. Wir drücken damit nur aus,
daß sie gerade *jetzt* und in unserer momentanen Situation
weniger wichtig sind. Und nicht etwa für alle Zukunft und
auch nicht für andere Menschen.

Warum ist es nur so mühsam, Prioritäten zu setzen?
Vielleicht *wollen* wir gar nichts zurückstellen? Vielleicht
sind alle uns zur Verfügung stehenden Möglichkeiten
gleich verlockend? Es könnte aber auch sein, daß wir *nicht*
den *Mut* haben, etwas abzulehnen – wir möchten folgsam
und beliebt sein, wollen vorwärtskommen und immer alles
richtig machen. In beiden Fällen fehlen uns im Alltag die
deutlich umrissenen Ziele.

Wir befürchten vielleicht ganz einfach, daß wir nicht die richtigen Entschlüsse fassen. Es gibt ziemlich viele Möglichkeiten, sich falsch zu entscheiden. Es gibt keine Garantien dafür, daß wir bei Zusage oder Ablehnung immer das Richtige wählen.

Jeder Mensch kann seine Meinung ändern und neue Entscheidungen fällen. Aber das kann natürlich auch schlimm ausgehen. Da stehen wir dann mit gewaschenem Hals und hören einen lauten, selbstsicheren Haufen vorwurfsvoll schreien: »Wie konntest du nur!!?«

Bedenken Sie in dieser Situation, daß Sie klug und urteilsfähig sind und daß Sie bei dieser Entscheidung Ihr Bestes gegeben haben. Und daß Sie in dieser Situation den denkbar besten Entschluß gefaßt haben. Mehr kann niemand verlangen.

Nur keine Selbstbezichtigungen bei einem Mißerfolg! Schreiten Sie über Ihre Mißerfolge hinweg, als würden Sie einen Bach überqueren und dabei von Stein zu Stein springen. Betrachten Sie Mißerfolg und Erfolg als Steine im Bach des Lebens. Damit fängt nämlich die Liebe zum Leben und auch zu all dem, was Sie dazulernen, an. Sie fangen an, auch ein scheinbar schwieriges und unscheinbares Leben zu lieben. Denn selbst wenn es schwierig oder unscheinbar ist, kann es Spaß machen, und Humor im Reisegepäck ist immer gut.

Erkennen Sie, daß das Wort ›Mißerfolg‹ den Begriff ›Erfolg‹ in sich birgt. In Wirklichkeit geht es nämlich um das Sammeln von Erfahrungen. Aus ihnen heißt es dann Lehren ziehen. Wenn wir wollen, können wir sie an andere weitergeben, aber wir dürfen nur ja nicht glauben, daß jeder uns dafür dankbar sein wird. Denn jeder einzelne will den Bach auf den Steinen überqueren, die *er* für die richtigen hält. Haben Sie also Geduld mit sich selbst und mit allen anderen, die den Bach des Lebens auf Steinen überqueren.

Schwachpunkte

Es ist wichtig, die Finanzen fest im Griff zu haben. Das gilt privat und auch beruflich. Für den Freiberufler oder den selbständigen Unternehmer ist das Wissen um seine finanzielle Lage unerhört wichtig. Es reicht nicht, in einem Umschlag Belege zu sammeln und sie zwecks Steuererklärung herauszukramen. Der Überblick muß durch die Buchführung immer gegeben sein. Aus den geführten Büchern muß hervorgehen, ob das Geld für Werbung oder für eine neue Schreibmaschine reicht; wieviel Geld wir im Rückhalt haben müssen, um z. B. dieses Buch zu schreiben; wann Geld hereinkommen muß, damit wir unsere Steuern und Sozialabgaben pünktlich bezahlen können.

Oft genug ist der fehlende Überblick ein Grund, vor etwas zurückzuschrecken. Wir halten dann alles für schwierig und fürchten, es nicht zu schaffen. Wir fangen an, uns vor gewissen Dingen zu drücken oder uns taub zu stellen.

Besonders leicht fällt es uns, Abrechnungen auf die lange Bank zu schieben, wenn wir mit der Mathematik auf Kriegsfuß stehen. So geht es beispielsweise Barbro. Aber Barbro hat ja ihren Sten. Er ist ihr verläßlicher Fels. Er liebt Zahlen und hält gern Ordnung in all dem Papierkram, der zur Buchführung gehört. Er ist ein Mensch, der für sich den richtigen Platz im Leben gefunden hat. Er behält den Überblick und ist Barbros Steuerberater.

Zu Beginn ihrer Zusammenarbeit überließ Barbro ihm alles Wirtschaftliche und hatte selbst von nichts eine Ahnung. Sie arbeitete einfach drauflos und ließ sich eher von vagen Gefühlen in Sachen Finanzen leiten. »Es wird schon stimmen.« Oder noch öfter: »Es scheint nicht ganz hinzuhauen. Ich muß mehr Geld verdienen.« Die Ahnungslosigkeit kostete sie mehr Kräfte als die kleine Mühe, sich mit den Zahlen zu beschäftigen.

Es ist wichtig, sich dort, wo unsere Schwachpunkte liegen, besondere Kenntnisse und einen gewissen Überblick zu verschaffen. Die Gefahr ist groß, daß unsere Unsicherheit wächst und unsere Kraft reduziert. Damit ist keineswegs gesagt, daß wir alles selbst tun müssen. Wir können delegieren, Rat einholen bei Leuten, die sich auskennen, und ohne weiteres Laie bleiben. Dieser Laie muß aber immer im Bilde sein. Dadurch kann er besser auswählen und mitbestimmen.

Zeit für alles und nichts

Zeitmangel kann ein Zeichen von Mangel an Überblick sein, und Mangel an Überblick kostet Zeit. Wir haben also alles zu gewinnen, wenn wir auf diesem Gebiet besser werden.

Zeit ist die neue Mangelware unserer Gesellschaft. Wir haben eigentlich nie für irgend etwas Zeit. Die Terminkalender sind für ein halbes Jahr im voraus voll, manchmal sogar schon für ein ganzes Jahr. Das Wort *schnell* ist in der Regel positiv geladen. Ihm wird in unserer Gesellschaft in allen seinen Formen Vorrang gegeben. Aber als die ungeduldigen Wesen, die wir sind, schieben wir Menschen das Brot in den Ofen, ehe der Teig ausreichend gegangen ist, und dann ziehen wir einen ungenießbaren, steinharten Klumpen heraus. Wir warten das Ergebnis des ersten Versuchs nicht ab, sondern setzen gleich zum nächsten Vorstoß an.

Es wird positiv gewertet, wenn die Dinge rasch geschehen. Ebenso ist ein voller Terminkalender ein positives Statussymbol. Wir kommen uns unentbehrlich und wichtig vor.

Mit einem vollen Terminkalender bekommen wir auch Macht über jene, die versuchen, ihre Zeit besser einzuteilen. Wenn wir nämlich ausgebucht sind, können wir uns oft genug leicht aus der Affaire ziehen. Wir kommen in letzter Minute angehetzt und verlangen von anderen, daß sie zur Stelle sind, wenn *wir* Zeit zu haben glauben. Wir verschieben Sitzungstermine, halten Vereinbarungen nicht ein und legen ganz allgemein einen Mangel an Solidarität an den Tag.

Ein voller Terminkalender bedeutet noch lange nicht, daß wir auch Überblick über unsere Arbeit haben. Es mag bestechend aussehen, kann in Wirklichkeit aber etwas ganz anderes bedeuten. Wir können ausgebucht sein, um dem Kontakt mit unserer inneren Stimme und dem, was sie uns zu sagen hat, zu entgehen. Wir fühlen uns vielleicht einsam und flüchten uns deshalb in die Arbeit. Und wird diese Arbeit als noch so sinnlos empfunden – solange wir uns so richtig hineinwühlen, brauchen wir die in unserem Inneren verborgene Wahrheit nicht zur Kenntnis zu nehmen.

»Manchmal bilde ich mir ein, ich kann Zeit gewinnen, wenn ich renne«, sagte Yvonne, die oft zwei Termine gleichzeitig hat. Und tatsächlich *rennt* sie von einer Sitzung zur anderen durch die Gänge. Sie quetscht noch zusätzlich Verabredungen dazwischen, um nur ja nicht klein beizugeben; sie überfordert ihren Terminkalender und hat Schuldgefühle, wenn sie nein sagen muß. Eine von Yvonnes stehenden Reden fünf Minuten vor der Mittagspause oder vor einer Sitzung ist: »Ich muß nur noch schnell...«

Wir können aber auch ausgebucht sein, weil es uns schwerfällt, die Dauer einzelner Verpflichtungen realistisch einzuschätzen. Wir sind optimistisch und meinen, mehr zu schaffen und zu verkraften, als uns tatsächlich möglich ist. Wir gaukeln uns ein idyllisches Traumbild vor, das recht bald in einem Alptraum endet.

Die Dauer einzelner Verpflichtungen richtig einzuschätzen wird noch schwieriger, wenn der Kontakt zu unserem eigenen Ich und zu unseren Körpersignalen schlecht ist. Sie melden uns nämlich, wenn wir zu viele Termine haben. Es

kommt ein Zeitpunkt, wo der Wille das Kommando übernimmt.

In unserem Leben gibt es zwei unumstößliche Tat-
sachen:

- Der Tag hat nur 24 Stunden. Jede Stunde besteht aus 60
  Minuten. (Kleinere Zeiteinheiten brauchen Sie gar nicht
  erst in Betracht zu ziehen.) Von diesen 24 Stunden
  arbeitet der Mensch etwa acht. Die Woche besteht aus
  sieben solchen 24-Stunden-Tagen. Mehr gibt es nicht!
  Und nur fünf davon werden üblicherweise zum Arbeiten verwendet.
- Sie sind nur eine einzige Person und können nur an
  einem Ort gleichzeitig sein. Sehr bedauerlich, aber so ist
  es.

Das sind also die ganz einfachen Bedingungen, die wir einhalten und nach bestem Vermögen handhaben müssen. Zu
unser aller Trost sei gesagt, daß die *Qualität* der Zeit aus-
schlaggebend ist. Und diese Qualität können wir nicht nur
in unserem eigenen Leben, sondern auch bei der Zusammenarbeit mit anderen Menschen beeinflussen.

Wie vorgehen?

Der aufgeräumte Schreibtisch. Barbro ist ein visueller Typ.
Sie denkt also in Bildern. Wenn um sie herum zuviel Unord-
nung herrscht, kann sie nicht klar denken. Darum versucht
sie, alles wegzuräumen, was mit der momentanen Aufgabe
nichts zu tun hat. Ein aufgeräumter Schreibtisch – und
darauf nur die Papiere, die sie zur Arbeit braucht: Diese
Form der Überschaubarkeit wirkt auf sie beruhigend, und
sie kann leichter eins nach dem andern erledigen.

Es macht ihr aber nichts aus, wenn hinter ihrem Rücken
das reinste Chaos herrscht.

Realistisch planen. Eine der wichtigsten Maßnahmen für
einen realistischen Überblick ist die realistische Planung.

Auswertung und Planung müssen einander laufend ergänzen, damit wir wissen, womit wir uns wirklich beschäftigen und welches Ziel diese Arbeit hat.

Ein ratloser Chef über seinen Mitarbeiterstab:

»Jedesmal, wenn eine Planungsbesprechung angesetzt ist, fehlen Leute. Sie behaupten: ›Ich habe keine Zeit. Ich kann sowieso nicht stillsitzen, weil gerade eben das und das passiert ist...‹ Sie lassen sich immer vom Augenblick leiten und nehmen die Planung nicht ernst, die ihnen ja den Überblick erleichtern würde. Was soll ich tun? Ihnen einen dienstlichen Befehl geben? Mit ihnen in eine einsame Hütte in der Wildnis ziehen?«

Halten Sie sich in regelmäßigen Abständen einen Halbtag frei, an dem Sie eine kleine Pause einlegen und alles durchsehen, woran Sie gerade arbeiten. Diese Zeit ist gut genützt. Besonders ratsam ist es, mit jemandem darüber zu sprechen, der uns sozusagen einen Spiegel vorhält. Bei gemeinsamer Planung in der Arbeitsgruppe sind Rückmeldungen von außen ebenfalls gut. Nur so ist zu erfahren, ob optimal gearbeitet wird.

Wer besser plant, ist weit eher mit sich zufrieden. Er leistet dann nämlich bessere Arbeit. Und erledigt mehr – vorausgesetzt, das ist überhaupt nötig...

Lernen Sie Ihren Zeitaufwand zu beurteilen. Interessieren Sie sich dafür, wieviel Zeit eine Aufgabe *tatsächlich* in Anspruch nimmt, und schreiben Sie es sich auf. Ohne Rücksicht darauf, ob Sie langsam oder schnell gearbeitet zu haben meinen.

Seien Sie rücksichtslos ehrlich gegen sich selbst. Sie dürfen hier *keine Wunschliste* aufstellen.

Überprüfen Sie, was Sie tatsächlich an einem Tag oder in einer Woche zu schaffen imstande sind.

Planen Sie Ihre Zeit so, daß Sie immer eine Zeitreserve haben. Achten Sie darauf, daß Sie nicht mehr als 80%

Ihrer verfügbaren täglichen Zeit verplanen. Keine Angst, Sie werden nicht Daumen drehen. Erlauben Sie sich das Gefühl, daß Sie ein kleines Zeitguthaben haben. Das ist auch eine Form von Belohnung.

Olav hat diese Übung durchgeführt. Sein Zeitgefühl war nicht überragend. Es gab so schrecklich viele Dinge, die er tun wollte. Er hatte, wenn man's genau nahm, zwei Berufe, arbeitete außerdem in der Politik mit, hatte zwei erwachsene Söhne und eine alte Mutter und wollte mit allen guten Kontakt halten. Und er wollte auf nichts von alldem verzichten.

Frohgemut zeigte er seinen Zeitplan her. Er hatte die Zeit eingeplant, die er brauchte, um die Toilette aufzusuchen, er hatte den Weg bis zur Bushaltestelle und die Länge der Korridore nicht vergessen. Um diesen phantastischen Stundenplan einzuhalten, hatte er nur fünf Stunden Nachtschlaf vorgesehen. Für spontane Aktionen blieb nicht eine Minute übrig. Aber er war mit seinem ›realistischen‹ Zeitplan zufrieden.

(Keine Sorge! Es gelang ihm nie, diesen Stundenplan einzuhalten.)

Ein bißchen aussortieren. Nina geht meistens zu ihrer Kollegin Agneta, wenn sie das Gefühl hat, sich in Unwesentlichem zu verlieren, aber nicht weiß, wie sie da herauskommen soll. Das passiert meistens, wenn sie sich mehrere Großprojekte gleichzeitig vorgenommen hat. Sie zersplittert sich dann leicht, verbummelt sich mit Scheinarbeit, sitzt dann fassungslos da und starrt den Berg Arbeit an, der sich vor ihr auftürmt. Zu Agneta sagt sie einfach: »Ich drehe schon wieder durch. Kannst du mir helfen? Ich muß klarsehen, was ich zuerst soll!«

Und dann setzen sie sich hin, und Nina erzählt Agneta, wie verworren alles ist, und Agneta sagt: »Ich habe den Eindruck, du mußt mal wieder ein bißchen aussortieren.«

Agneta hilft Nina ganz einfach, die Nase in die richtige Richtung zu drehen. Das übrige schafft Nina dann selbst:

Sie schreibt alles auf, was getan werden muß, und es wird eine lange Liste. Kleine und große Aufgaben bunt gemischt.

Danach fühlt sie sich ganz grauenhaft gestreßt, weil sie den Riesenhaufen Arbeit sieht. (Das ist ein ganz normaler Zustand. Er tritt in dieser Phase immer ein.)

Und jetzt sortiert Nina in drei Gruppen: a) alles, was heute noch erledigt werden muß; b) das, was diese Woche erledigt werden muß; c) das, was warten kann. (Man kann die Gruppen auch benennen: Today, Tomorrow, Too difficult!!!/Heute, morgen, zu schwierig!!!) Es nimmt Stunden in Anspruch, bis diese Liste fertig ist. Gut genutzte Zeit!

Und dann geht sie nach dieser Liste vor.

Das Zusammenstellen der Liste wirkt auf Nina äußerst beruhigend. Wenn sie dann alles aufgeschrieben hat, kann sie sich gedanklich von den einzelnen Punkten lösen. Ein Blick auf die Liste, und sie weiß, daß sie Herr der Lage ist.

Unternehmen Sie etwas gegen Ihre Schwachpunkte. Verschaffen Sie sich Überblick über Ihre wirtschaftliche Lage. Oder über irgendein anderes Gebiet, das Sie noch nicht ganz im Griff haben.

Überblick haben bedeutet nicht, daß Sie für alles die Verantwortung tragen oder alles selbst erledigen müssen. Ihnen ist geholfen, wenn Sie das Ganze verstehen und somit die richtigen Fragen stellen und die entsprechenden Antworten verstehen können.

Spornen Sie sich selbst an. Schreiben Sie *alles* auf, was Sie tagsüber erledigen. Besorgen Sie sich ein kleines Notizbuch, das Sie in die Tasche stecken können, und notieren Sie öfter etwas. Seien Sie dabei so konkret wie möglich;

z. B. »Protokoll der Märzsitzung (Amt) fertiggestellt, zwei Akten angelegt, ersten Kontakt mit Selbsterfahrungsgruppe aufgenommen, NN telefonisch nicht erreicht.«

Nehmen Sie sich vor, das drei Wochen durchzuhalten. Sie werden staunen, was Sie alles schaffen. Sie werden sich dadurch weitaus positiver sehen.

Zunächst großzügig aussortieren, dann Prioritäten setzen. Sichten Sie Ihre Ziele und Teilziele, damit Sie sie klar vor sich sehen. Was wollen/müssen Sie in der allernächsten Zeit tun?

Legen Sie eine Liste über all das an, was Sie tun wollen/ müssen. So, wie es Ihnen momentan einfällt, ohne Rangordnung.

Kreuzen Sie nun an, was zum Ziel/Teilziel führt. Vergessen Sie nicht, daß Vorrang geben Auswahl im positiven wie im negativen Sinn bedeutet. Reihen Sie um und streichen Sie, bis Sie einen einigermaßen klaren Überblick haben.

Was ist im Moment am wichtigsten? Wenn fünf Punkte übrigbleiben, ist es beinahe ideal.

Bringen Sie die verbliebenen Punkte in ein realistisches Zeitschema. Können sie beispielsweise unter den gegebenen Umständen im Vierundzwanzigstundentag einer einzigen Person untergebracht werden?

Affirmationen

Ich... habe immer den Überblick, den ich brauche.
Ich... habe den Mut, etwas abzulehnen und nein zu sagen.
Mir... fällt es leicht, die Dinge in der Reihenfolge ihrer Wichtigkeit zu erledigen und meine Zeit realistisch zu planen.

6

Unser Topf wird nicht von selbst voll

Stellen Sie sich vor, Sie stehen als schöner, großer, guß-
eiserner Topf auf dem Herd, in dem eine gute, nahrhafte
Suppe vor sich hin köchelt. Von dieser Suppe geben Sie
anderen Leuten etwas ab, und sie werden davon satt und
zufrieden und bewältigen ihr Leben.

Wir Menschen können uns mit Kochtöpfen vergleichen.
Was wir hergeben, mag Zeit sein, Arbeitsleistung, Wissen,
Lob oder Fürsorge. Damit wir aber ein Leben lang Gebende sein können, brauchen wir selbst immer wieder eine
reichliche Nachfüllung. Sonst wird der Topf leer. Wir
haben dann nichts mehr herzugeben und laufen Gefahr,
selbst trockenzukochen.

Der Topf kann nachgefüllt werden durch: Gemeinschaft
in einer Arbeitsgruppe oder mit Freunden, Unterstützung
und Ansporn, Wissen, Kurse, qualitätsvolle Freizeit,
Meditation, Musik hören, lieben und geliebt werden,
Ergebnisse sehen, Arbeitsgespräche mit Fachleuten, im
Beruf anerkannt sein, ein Lächeln, ein Geschenk, ein mit
der Familie im Freien verbrachter gemütlicher Sommer-
abend, im Kino laut lachen, gehobenes Selbstvertrauen,
Wandern, Sport und alles, was einfach Spaß macht.

Es gibt, anders ausgedrückt, eine Menge Dinge, die
unseren Topf füllen können. Wir heben hier als besonders
wichtig hervor: die Bedeutung des Selbstvertrauens, die
Tragweite beruflicher Erfolge und das Bedürfnis nach Lob
und Ansporn.

Geben als Beruf

Die Arbeit am Menschen hat ihre besonderen Schwierigkeiten. Ursprünglich haben wir beide vielleicht gerade

einen solchen Beruf gewählt, weil wir Menschen ›helfen‹ wollten oder wie immer man das ausdrücken will. Es ist ein Entschluß, der allen Respekt wert ist. Wir haben die Wahl getroffen, anderen zu helfen, und bekommen viel zurück. Wir lernen ununterbrochen etwas Neues, entwickeln uns selbst weiter und können die Begegnung mit dem Leben vertiefen. Andererseits fordert diese Arbeit rein gefühlsmäßig auch viel von uns, und unsere Töpfe müssen immer wieder neu gefüllt werden.

Als wir in unsere Berufe einstiegen, schenkten wir frohen Herzens. Es machte uns Spaß, weil wir fühlten, daß wir helfen konnten. Aber wir stießen an eine Grenze, konnten nicht mehr Woche für Woche acht Stunden täglich Gebende sein. Das hatte mancherlei Ursachen. So konnte uns eine Krise im Privatleben oder eine längere Krankheit Kräfte rauben. Aber der eigentliche Grund könnte auch gewesen sein, daß die Arbeitssituation immer unmöglicher wurde.

Freudiges Geben strengt an sich nicht an. Wenn aber das Gefühl aufkommt, daß wir nicht mehr gern geben oder einfach nicht mehr geben können − und doch dazu gezwungen sind −, dann wird es schwierig. Zum Schluß fühlen wir uns innerlich leer, und jede Begegnung mit anderen Menschen wird zur Qual.

Unsere Hilfe führt auch nicht mehr zum Ziel, wenn wir eher widerwillig geben. Der Kontakt mit den Klienten/ Kunden leidet unter Spannungen und wird mühsam. Verbitterung kann aufkommen. Wir mögen den Ratsuchenden nicht mehr so gut leiden, finden ihn anspruchsvoll und undankbar.

Sollte es wirklich so weit kommen, müssen wir unser Gewissen erforschen und unsere eigenen oft unbewußten (inneren) Motive ergründen. Nie darf es dazu kommen, daß Menschen, die sich uns anvertrauen, letztlich *uns* aufbauen. Nie dürfen *sie* uns zur Verwirklichung verhelfen. Das große, regelmäßige Auffüllen müssen wir selbst in unserer Freizeit und in der Arbeitsgruppe besorgen.

Selbst wenn wir regelmäßig und reichlich nachfüllen, kann unser Topf durch andere Dinge als unser Hergeben geleert werden. Er könnte ein Loch haben. Löcher entstehen auf viele verschiedene Arten, und sie müssen so schnell wie möglich abgedichtet werden.

Das Arbeitsloch. Es kann durch zu hohe Arbeitsbelastung entstehen, durch eine zu geringe Anzahl zufriedenstellender Ergebnisse oder durch zu wenig Ansporn. All das kann die Arbeitsfreude umbringen.

Das Ich-bin-nicht-wert-daß-es-mir-gut-geht-Loch. Wir haben nur geringes Selbstvertrauen und sind nicht die Spur stolz auf uns selbst. Daher meinen wir, kein Recht auf ein gutes Leben, einen gesunden Körper und leidliche Arbeitsverhältnisse zu haben – oder gar verlangen zu können.
Am Arbeitsplatz reden wir so:

»Ich kann keine besseren Arbeitsbedingungen verlangen. Anderen geht es noch viel schlimmer...«

oder

»Ich tue nur meine Pflicht, und ich werde doch nicht...«

Zu Hause klingt es dann so:

»Gib mir ruhig den alten trockenen Brotkanten. Jemand muß ihn ja essen. Verkommen lasse ich nichts. Wenn's für meine Oma gut genug war, wird's mir auch nicht schaden.«

Das Ich-muß-etwas-leisten-um-anerkannt-zu-werden-Loch. Wir halten uns, so wie wir sind, für nicht gut genug. Es zählt nur das, was wir selbst tun – und da vor allem die großen, sichtbaren Leistungen. Wir haben selten Muße, innezuhalten und das Erreichte zu genießen.

106

»Es ist meine eigene Schuld, daß mich die Arbeit so fertigmacht. Wäre ich nur flinker, klüger...«

Aber überlegen Sie einmal: Welche Menschen haben Sie in Ihrem Leben geliebt? Etwa die Klassenbeste? Oder den Mann, der im Betrieb immer alles konnte?

(Möglicherweise haben Sie die am liebsten gemocht, die Ihre Fehler und Versagen offen zugegeben haben. Menschen, die den Mut hatten, sich manchmal sogar unbeliebt zu machen... die waren beliebt.)

Das Ich-habe-vergessen-mir-etwas-schenken-zu-lassen-Loch. Es ist leicht, sich in einer Geber-Pose festzufahren. Die ganze Zeit zu geben, ohne an die eigenen Bedürfnisse zu denken. Wir sind bisweilen der irrigen Meinung, wir hätten kein Recht darauf, daß es uns gutgeht, nur weil es manchen Arbeitskollegen gerade nicht besonders gut geht. Wenn jemand Beachtung wert ist, dann nur einer von denen. Wir halten es für selbstverständlich, die eigenen Bedürfnisse zurückzustellen:

»Ach nein, ich komme schon zurecht. Ich habe schließlich freiwillig einen Dienstleistungsberuf gewählt...«

Es fällt uns schwer, das anzunehmen, was uns geschenkt wird, sei es nun von Klienten/Kunden oder von Kollegen, und wir wehren uns auch noch dagegen:

»Ach, nicht doch. Ich habe doch nichts geleistet, ich habe nur meine Arbeit getan.«

Oder, was noch schlimmer ist, wir versuchen denjenigen, der uns lobt, in Frage zu stellen:

»Das sagst du ja nur. Jeder hat doch gemerkt, daß das ein ganz schlechtes Referat war!«

Selbstvertrauen

Selbstvertrauen bedeutet wörtlich: Vertrauen in mich selbst haben, darauf vertrauen, daß ich etwas kann und daß ich etwas tauge. Ich brauche eine gute Portion Selbstvertrauen, um meinen Topf zu füllen und die darin entstandenen Löcher zu stopfen.

Mangelndes Selbstvertrauen bringt eine Menge Schwierigkeiten mit sich. Ohne Selbstvertrauen befänden wir uns gleichsam auf schwachem Eis. Wir haben nicht den Mut, etwas auszuprobieren, einen Versuch zu starten oder ganz einfach etwas Erfreuliches zu tun. Jede unserer Handlungen hat nur noch den Zweck, das aufzufüllen, was aus dem Topf ausgelaufen ist. Wir versuchen noch mehr zu arbeiten, allen alles recht zu machen und dadurch anerkannt zu werden. Wir nehmen keinerlei Risiko auf uns und atmen im selben Rhythmus wie alle anderen − und damit löschen wir unsere Persönlichkeit aus.

Es ist allerdings nicht immer unser eigener Mangel an Selbstvertrauen, der ein Loch in den Topf schlägt. Auch die Arbeitssituation kann unser Selbstvertrauen schmälern. Das führt dazu, daß wir einen schlechten Job annehmen, unser Selbstvertrauen dadurch noch mehr schrumpft, was wieder dazu führt, daß wir an unserem Recht auf annehmbare Bedingungen immer mehr zweifeln.

Wir werden alle mit der Fähigkeit geboren, uns selbst zu mögen. Babies zum Beispiel jauchzen über sich selbst. Bald aber stellt uns das Leben hart auf die Probe. Wird uns Anerkennung zuteil, dann reifen wir zur Persönlichkeit und gehen mit gutem Selbstvertrauen hinaus ins Leben. Denn nur durch andere Menschen können wir das Bild vom eigenen Ich aufbauen. Durch andere werden wir bestätigt oder abgelehnt. Wenn wir auf liebevolle, großzügige Menschen treffen, die uns unterstützen und ermutigen, wird unser Selbstvertrauen wachsen. Wenn wir aber ständig mit Menschen zu tun haben, die uns nicht mögen oder die zu hohe Ansprüche an uns stellen, wird unser Selbstvertrauen auf die Größe einer Rosine zusammenschrumpfen.

Die Folge ist, daß viele Erwachsene gar nicht sich selbst sehen, wenn sie in den Spiegel schauen. Sie sehen nur eine Grimasse, die verzerrt ist wie im Spiegelkabinett auf dem Jahrmarkt. Sie sehen nichts als ihre Schwächen und Mißerfolge.

Aber wir haben ja Glück! Das, was sich in einer Richtung entwickeln kann – nämlich wie oben zum Negativen –, kann auch in die andere Richtung gelenkt werden. Selbstvertrauen kann man lernen und immer wieder neu aufbauen. Es mag dauern – aber es ist möglich.

Nur weil in einem Bereich das Selbstvertrauen flöten gegangen ist, bedeutet das noch lange nicht, daß es auf der ganzen Linie so sein muß. Wir sagen oft, daß unser Selbstvertrauen angeschlagen ist, nur weil es im einen oder anderen Bereich hapert. Und wenn wir dann genau nachdenken, haben wir oft genug auf anderen Gebieten gesundes Selbstvertrauen an den Tag gelegt. So können wir uns etwa im Beruf absolut sicher fühlen, uns aber gleichzeitig als Eltern ganz und gar unzulänglich finden. Oder wir erziehen unsere Kinder ohne die geringste Unsicherheit, gehen aber mit zitternden Knien zur Arbeit. Nur äußerst selten leidet der Mensch auf der ganzen Linie an mangelndem Selbstvertrauen.

Vielleicht ist es manchmal tröstlich, sich das Selbstvertrauen anderer Leute ein bißchen näher anzusehen. Menschen, die man bewundert und mit denen man sich vergleicht, besitzen auch kein rundherum funktionierendes Selbstvertrauen. Sie zeigen nur ihre Unsicherheiten nicht so her.

Während wir an diesem Buch schrieben, kam unser Selbstbewußtsein so manches Mal ins Wanken. Es gab Tage – um nicht zu sagen Wochen –, wo wir nur noch stöhnten, einen roten Kopf hatten und alles, was wir zu

Papier brachten, für reine Selbstverständlichkeiten und Plattitüden hielten. Oft genug waren wir nahe daran, den Verlag anzurufen, um Bescheid zu geben, daß aus dem Buch leider nichts werden kann.

In dieser Situation war unser Selbstvertrauen im Grunde nicht gefährdet. Wir wollten mit diesem Beispiel nur aufzeigen, daß es während eines Arbeitsvorganges nicht immer stabil bleibt – und das gehört mit zum kreativen Prozeß.

Etwas anderes aber hat wirklich mit mangelndem Selbstvertrauen zu tun. Es ist das Vertrauensverhältnis zu unserem Körper. Wenn wir zu ihm in einem Mißverhältnis stehen und nicht auf seine Signale achten, laufen wir Gefahr, auch das nicht zu akzeptieren, was in diesem Körper wohnt – nämlich unsere Persönlichkeit. Das Bestreben, seinen Körper kennenzulernen, ist in der Tat ebenso wichtig wie das Kennenlernen der eigenen Seele.

Gehobenes Selbstvertrauen

Sie sind gut, so wie Sie sind. Sie besitzen eine Menge Erfahrungen, Kenntnisse, Fertigkeiten und Eigenschaften, die Ihre Persönlichkeit ausmachen. Sie sind absolut in Ordnung – ganz ohne irgendwelche Veränderungen. Wir wissen, daß Sie Ihr Bestes geben, und mehr kann niemand verlangen.

Aber Sie haben auch Fehler und weniger gute Seiten. Die Versuchung ist groß, sie überzubetonen. Fest steht: Es gibt keine perfekten Menschen auf unserem Planeten, so sehr sie auch diesen Anschein erwecken mögen. Je eher Sie sich mit Ihren Fehlern und negativen Seiten aussöhnen können, desto besser. Dann nämlich sind Sie auf dem besten Weg, Ihr Wohlbefinden zu bessern.

Betrachten Sie sich selbst einmal für kurze Zeit aus ›historischer‹ Sicht. Ist es nicht fast unvorstellbar, wie weit Sie gekommen sind! Denken Sie zurück, wie es noch vor einem Jahr gewesen ist! Gewiß, es kann noch manches verbessert werden; aber im Augenblick haben Sie absolut das Recht, mit sich selbst und mit dem, was Sie erreicht haben, voll zufrieden zu sein. Trotz Ihrer schwachen Seiten sind Ihre guten Seiten noch vorhanden. Hier gibt es kein Entweder-Oder. Beide Seiten sind vorhanden – und zwar gleichzeitig.

Sie verdienen ein gutes Leben, sowohl im Beruf als auch zu Hause. Sie haben das Recht, hierhin und dorthin zu laufen und mit dem Topf zu scheppern, will sagen: etwas für sich selbst zu verlangen. Und es ist ganz in Ordnung, daß Sie das nehmen, was Sie bekommen.

Sie können zwischendurch abschalten und ganz Sie selbst sein. Sie brauchen keine Rollen zu spielen, keine ganz bestimmte Art von Kleidern anzuziehen, und Sie brauchen auch Ihr Aussehen nicht zu verändern, nur weil Sie den Anschein erwecken möchten, jemand anders zu sein. Sie sind – so wie Sie sind – ganz prima.

Vergleichen Sie sich nicht mit anderen. Sie sind nicht auf diesen Planeten gekommen, um im Wettstreit des Lebens ganz vorn mitzumachen. Jeder Mensch hat seine eigenen Voraussetzungen und Lebenserfahrungen. Der einzige Mensch, mit dem Sie sich vergleichen können, sind Sie selbst; und dabei dürfen Sie nicht vergessen, daß Sie in Ihrer Klasse immer ganz vorne sind.

Nina ist eine hartnäckige Kämpfernatur. Einmal hat sie in einer Skistaffel mitgemacht. Sie sprang einfach für eine erkrankte Sportlerin ein. Die drei andern waren langbeinige Norrlänningerinnen, die von Kindesbeinen an Ski gelaufen waren. Nina ist in einem Vorort von Stockholm aufgewachsen. Nach Stockholmer Maßstäben ist sie eine sehr passable Skiläuferin, aber hier, in der Sonderklasse, war sie die schwächste. Noch dazu hatte man sie als Schlußläuferin eingeteilt.

Als sie übernahm, lag ihre Mannschaft an letzter Stelle. Aber sie stakte unverdrossen los. Ziemlich bald schloß ein Funktionär auf, der die Wegmarkierungen einsammelte,

sobald Nina vorbei war. Während sie die Ziellinie über-
schritt, wurde schon das Zielband eingerollt. Nur ihre Mit-
streiterinnen aus der eigenen Staffel warteten noch auf sie:
»Was war denn? Ist unterwegs was passiert?«

»Nein, es ist ganz prima gegangen, ich laufe nur nicht so
schnell. Für mich habe ich gewonnen.«

»Was heißt hier gewonnen? Alle andern sind ja schon
fast zu Hause!«

»Na ja, in meiner Klasse – also in Ninas, 25, aus
Nacka, kurzbeinig, Klasse – war ich eben die Beste«,
grinste Nina und schnallte ihre Ski ab.

Sie können mehr als Sie glauben. In Ihnen schlummern
Schätze! Oft, oft, oft, wenn Sie das Gefühl haben, daß Sie
nichts können, verhält es sich eher so, daß Sie nicht her-
zuzeigen wagen, was Sie haben. Seit dem Tag Ihrer Geburt
haben Sie jeden Tag etwas dazugelernt.

Sie können nicht erwarten, daß Sie in allem ohne jeg-
liche Übung erstklassig sind. Praxis bekommen Sie nur,
wenn Sie etwas tun. Sie trauen sich nicht? Na bitte, dann
bleiben Ihre Talente und Kenntnisse eben verborgen.
Wenn Sie aber etwas wagen, wird Ihr Selbstvertrauen
sichtbar wachsen. Und was Sie heute nicht können, das
können Sie ja noch lernen. Oder?

Wieviel wäre denn überhaupt möglich, wenn niemand
das Unmögliche versuchte? Wagen, probieren, Schiff-
bruch erleiden, erneut versuchen, und Sie werden merken,
daß Sie weit mehr können als Sie glauben. Nina ist viele
Male feige gewesen, hat sich aber auch oft genug großen
Herausforderungen gestellt. Einige Male ist es in die Bin-
sen gegangen, aber viele Vorhaben sind über Erwarten gut
geglückt. Einer von Ninas Vorzügen ist nämlich, daß sie
im Leben weiß, was sie will. Sie kann sich nichts Schlim-
meres vorstellen, als an ihrem Lebensabend im Schaukel-
stuhl zu sitzen und zu bereuen, daß sie nicht mehr ausprobiert hat.

Sie müssen nicht alles können. Mit einem Seufzer der Erleichterung dürfen Sie feststellen, daß Sie wirklich nicht alles zu können, ja es nicht einmal zu versuchen brauchen. Starkes Selbstvertrauen haben heißt, seelenruhig zuzugeben, daß man seine Grenzen hat. Sie müssen das richtige Gleichgewicht finden zwischen dem Wunsch, bestimmte Anlagen zu entwickeln, und dem Erkennen Ihrer Grenzen – also hinzunehmen, daß dies und jenes nicht Ihr Gebiet ist. Vieles können Sie ruhig anderen überlassen. Erst dann haben Sie die echte Chance, Ihre eigenen Anlagen zu entwickeln.

Arbeitsergebnisse

Die beste und natürlichste Art, den Topf wieder aufzufüllen, ist das Wissen um gut geleistete Arbeit. Es müssen positive Ergebnisse herauskommen, und wir müssen das erreichen, was wir uns vorgenommen haben.

Keine Geschenke, Kurse, Spaziergänge der Welt können den Topf so gut füllen wie die Überzeugung, daß wir etwas verstehen und unsere Sache gut machen. Ohne positive Ergebnisse bewegen wir uns in einem finsteren Labyrinth. Die Unsicherheit wird immer größer, und wir machen uns Vorwürfe, weil die Erfolge ausbleiben. So verschlechtert sich unser Zustand immer mehr.

Besonders schwierig gestaltet sich das in manchen Beratungsberufen. Hier kann schon als gutes Ergebnis angesehen werden, wenn ein Klient nicht wiederkommt. Man darf dann annehmen, daß ihm die erwünschte Hilfe zuteil wurde. Aber er könnte auch aus anderen Gründen fernbleiben... (tiefer Seufzer!). Kurz gesagt: Es ist schwer zu wissen, ob wir in unserem Beruf gut sind oder nicht.

Wenn wir nur selten erfahren, ob wir unsere Arbeit gut gemacht haben, ist es ganz wichtig, den Topf auf andere Art wieder aufzufüllen. Nie dürfen wir nur nach Augenschein beurteilen, ob wir gute Arbeit geleistet haben.

Wenn wir beruflich für Menschen da sind, die in einer schwierigen Phase steckengeblieben sind, ist unser Helfen für lange Zeit nötig. Da muß man unbedingt lernen, viele, viele Teilziele vorzugeben, keine zu hohen Ansprüche zu stellen und für kleine Fortschritte dankbar sein. Nur dann gibt es eine Chance, die Arbeit als etwas Konkretes zu empfinden.

Paradox will scheinen, daß die Kollegen in Berufen, in denen jeder für sich etwas an Klienten/Kunden weitergibt, sich selbst nicht selten gegenseitig vergessen. Jeder vermittelt ›Außenstehenden‹ etwas und leert damit seinen Topf, ohne zu begreifen, welch enorme Quelle die Arbeitsgruppe ist. Hier gibt es die Kollegen, die wissen, wie wir täglich schuften und uns abrackern. Und nur sie wissen, welch großartige Arbeit wir leisten. In der Arbeitsgruppe können wir uns gegenseitig ermuntern und so den Topf auffüllen.

Unter ›ermuntern‹ verstehen Barbro und Nina etwas mehr als nur ein Schulterklopfen. Für uns bedeutet das Wort: einander unterstützen, einander bei schweren Aufgaben Mut machen, Vertrauen zeigen und mit Worten wie: »Klar kannst du das, versuch's nur!« nicht zu sparen. Wir müssen großzügig damit umgehen, seien die Ergebnisse nun gut oder schlecht. Wir müssen einander mit neuen Ideen und eigenen Erfahrungen aufbauen. Kurz gesagt: Es geht darum, den Alltag mit Freude und Lebensmut zu erfüllen. Es geht um unseren täglichen und stündlichen Bedarf. Nur so können wir weitermachen – und nur so wird unser Selbstvertrauen wachsen.

Aber nicht nur in der Kollegenschaft vergessen wir, einander zu ermuntern. Zu Hause reißt so leicht ein Schlendrian ein, und wir danken einander nie für gute Zusammenarbeit, wir feiern gute Leistungen nicht und unterstützen einander kaum je bei schweren Aufgaben. Alles ist so selbstverständlich:

Wieso soll ich dir sagen, daß ich dich liebe? Das habe ich dir doch schon vor 15 Jahren bei unserer Hochzeit gesagt. − Du wirst schon erfahren, wenn sich was ändert, sagte der Bürokrat.

Luther und vor allem Calvin ist eines besonders gut gelungen: Sie haben uns eingeprägt, daß wir nie überheblich sein dürfen. Aber wir beide, Barbro und Nina − und mit uns viele andere Menschen −, wollen nicht nur als sündige Geschöpfe angesehen werden, die ein Leben lang Buße tun müssen.

Es ist kein Wunder, daß wir Schwierigkeiten mit dem positiven Denken haben. Das ganze Kulturerbe ist durchtränkt von mittelalterlicher Moral. Sehen wir uns doch nur ein paar Sprichwörter an: »Eigenlob stinkt«. (Wir fürchten ja schon, daß es stinkt, wenn wir *andere* loben!) »Hochmut kommt vor dem Fall«, »Lieber ein Spatz in der Hand, als die Taube auf dem Dach« gehören in diese Kategorie.

Wir müssen lernen, der Angst vor dem Prahlen entgegenzutreten − diesem ›Glaub nur nicht, daß du jemand bist!‹, und unserem vielgepriesenen Neid. Es ist in der Regel verboten, im Pausenraum über eigene Erfolge zu jubeln. Aber um des Durchhaltens willen ist es notwendig, daß wir viel mehr Rosen austeilen.

Barbro brauchte lange, bis sie Lob in ihrem Leben als etwas Natürliches betrachten konnte. Als Sozialarbeiterin hatte sie konsequent trainiert, Probleme und Schwierigkeiten schon von weitem zu riechen. Sie dachte fast ausschließlich negativ und kritisch. Das weiß sie heute, wo das alles hinter ihr liegt.

Was kann ich tun?

Lassen Sie Ihren eigenen Topf nie aus den Augen. Sie müssen immer wissen, wieviel Suppe im Moment noch drin ist.

Es ist ganz in Ordnung, wenn Sie das Gefühl haben, Ihr Topf ist voll, Sie lieben das Leben und fühlen sich super.

Teilen Sie von Ihrer Jubelsuppe an andere aus. Sie brauchen sich nicht zu schämen, wenn Sie sich wohl fühlen, während es anderen in Ihrer Umgebung nicht ganz so gut geht. Geteilte Freude ist doppelte Freude.

Denken Sie ein bißchen nach, und legen Sie eine Liste mit der Überschrift an: *Wie wird bei mir aufgefüllt?*

● Durch welche Begebenheiten?
● Welche Personen?
● Durch andere Dinge?

Können Sie irgendwie selbst fürs Nachfüllen sorgen? Besonders gut zu wissen, wenn Sie merken, der Topf ist bald leer.

Es ist ganz in Ordnung, wenn einmal der Boden kaum bedeckt ist. Das bedeutet nicht, daß Sie demnächst eine schwere Krankheit treffen wird oder daß Sie bald sterben müssen. Es ist, ehe die allerletzten Tropfen verdampfen, nur wichtig, daß Sie sich selbst so schnell wie möglich ernst nehmen und zu überlegen anfangen.

Am besten legen Sie eine Liste mit der Überschrift an: *Woran liegt es, daß mein Topf leer wird/kaputt geht?*

● An welchen Begebenheiten?
● An welchen Leuten? Was tun sie? Wie kann ich dem entgegenwirken?
● An anderen Dingen?

Handelt es sich hier möglicherweise um einen längeren Entleerungsvorgang, um fehlende Möglichkeiten, aufzufüllen? Oder ist es nur eine vorübergehende Krise?

Sprechen Sie darüber mit guten Freunden und Kollegen. Sie dürfen ihnen nicht verschweigen, wie es Ihnen geht, Sie dürfen sich nicht zurückziehen und sich selbst die Schuld zuweisen. Eine der schlimmsten Ursachen für das Ausbrennen ist es, wenn wir uns isolieren, allein im Kämmerlein sitzen und uns elend fühlen, bis wir schließlich zusammenklappen.

Versuchen Sie, mit jemandem einen Fünf-Punkte-Vertrag zu schließen (WAS? WIE? WANN?). Über das Abfassen von Verträgen erfahren Sie im Kapitel ›Ziele und Teilziele‹ auf Seite 88 ff. mehr.

Vielleicht müssen Sie nur ein bißchen zurückstecken, alles mehr mit der Ruhe nehmen, sich etwas Nettes gönnen, ein paar Tage krankfeiern oder eine Woche Urlaub nehmen?

Wenn Sie genau nachdenken, kennen Sie bestimmt eine Menge Leute, denen Sie zutrauen, daß sie Ihren Topf auffüllen. Vielleicht tun sie es spontan, ohne zu wissen, daß sie nachfüllen. Sie können sie einfachheitshalber Ihre Muntermacher nennen. Es gibt sie in der Arbeitsgruppe, in der Familie, unter Ihren Freunden und bestimmt auch unter den von Ihnen Betreuten. Geben Sie acht, daß Sie keinen dieser Menschen verlieren!

Fassen Sie Ihre Muntermacher in einer Liste zusammen. Machen Sie sich Gedanken, wie Sie auch sie aufmuntern können, und tragen Sie fünf verschiedene Möglichkeiten ein.

Unterstützen und ermuntern Sie Ihre eigenen Muntermacher. Lassen Sie sie wissen, daß sie Ihre Muntermacher sind. Versuchen Sie, mehr Zeit mit ihnen zu verbringen, rufen Sie sie an oder schreiben Sie ihnen ein Kärtchen, wenn Sie gerade einmal wenig Zeit haben, denn Sie wollen sie ja nicht verlieren.

Sie können sie aufmuntern, indem Sie

- ihnen sagen, was Ihnen auffällt und was Sie an ihrer Arbeit gut finden;
- ihnen zeigen, daß Sie sich für sie interessieren. Hören Sie ihnen zu, und fragen Sie sie, was sie selbst an Zuspruch brauchen;
- nicht alles für selbstverständlich halten: Loben Sie sie, und zeigen Sie Anerkennung auch bei Alteingefahrenem.

Lob muß ehrlich gemeint sein. Es darf nicht ausgeteilt werden, weil wir nett sein, etwas zurückhaben oder dem andern schmeicheln wollen. Sonst ist es Heuchelei und bringt nichts. Menschen können echt und unecht sehr wohl unterscheiden.

Drücken Sie Ihre Anerkennung konkret aus. Es ist ungeheuer wichtig zu zeigen, daß die Wertschätzung dem *ganzen* Menschen gilt. – Immer vorausgesetzt, das stimmt auch. Es ist wichtig für Ihr Gegenüber, daß es ganz konkret erfährt, was Ihnen gefällt – etwa, daß der/diejenige immer zuhört, ohne gleich alles zu zerpflücken.

Zeigen Sie sich selbst und anderen, wie wenig Mut eigentlich dazugehört, Lob anzunehmen.

Es mag komisch klingen, daß wir den Mut zum Annehmen eines Geschenkes erlernen müssen. Das kulturelle Erbe ist eben tief verwurzelt. Lob kann ja stinken, und wir werden gern verlegen, wenn wir etwas Positives über uns selbst zu hören bekommen. Die normale Reaktion ist, daß wir das Lob zurückweisen oder auf den Spender ummünzen:

»Ach was, das habe ich in kürzester Zeit zusammengeschrieben...«
»Aber das war doch absolut nur dein Verdienst...«

Es ist weder für den Spender noch für den Empfänger angenehm, wenn so etwas zum Verhaltensmuster wird. Der Spender bekommt es satt, und wir selbst werden bald das Gefühl haben, daß wir zu wenig gelobt werden.

Haben Sie den Mut, um Ermunterung zu bitten. Wenn einer Ihrer Muntermacher sich mit der Frage an Sie wendet: »Du, ich brauche deinen Rat. – Was meinst du...«, dann freuen Sie sich, daß die/derjenige Vertrauen zu Ihnen hat, Sie um Unterstützung bittet und Ihre Meinung hören will.

Das Gegenteil ist oft schwieriger, nämlich, wenn wir selbst andere um Rat bitten möchten. Da denken wir:

- Die/der hat doch sooo viel Arbeit...
- Die haben sicher genug mit ihrem eigenen Kram...
- Es ist schon spät. Ich kann jetzt nicht mehr stören...
- Es ist doch geradezu unmöglich, von jemandem eine positive Aussage über das zu verlangen, was ich gemacht habe?!

Warum davon ausgehen, daß wir stören? Daß es unschicklich ist, die lebensnotwendige Nachfüllung für unseren Topf zu fordern? Wir würden es bestimmt keinem anderen verweigern.

Schlafen Sie gut. Eine Möglichkeit, wie Sie den Topf nachfüllen, Ihr Selbstvertrauen heben und gut schlafen können, ist die folgende Übung abends vor dem Einschlafen. Sie können sie in Gedanken ausführen oder alles aufschreiben und aufheben. Letzteres ist günstiger, weil Sie so jederzeit nachsehen können, wenn Sie einmal mit etwas nicht fertig zu werden glauben:

Überlegen Sie sich fünf Dinge, die Sie während des Tages gut gemacht haben.

Führen Sie diese Übung längere Zeit durch; fürs erste mindestens drei Wochen, und später dann bei Bedarf. Sie haben gar keinen Grund, jeden Abend über Ihre Fehler und Mängel nachzudenken. Sie haben Ihr Bestes gegeben, und in diesem Rahmen lassen sich eine Menge Dinge entdecken, die Sie gut gemacht haben. (Fünf ist die allerunterste Grenze!)

Lernen Sie sich selbst kennen. Es ist natürlich schwierig, Selbstvertrauen erstens aus einem Buch und zweitens mittels Übungen aufzubauen. Wir möchten Ihnen hier aber eine Übung zeigen, die ein guter Anfang sein könnte. Wiederholen Sie sie in regelmäßigen Abständen; wenn möglich mit Kollegen, in der Familie und/oder mit Freunden.

Nehmen Sie einen großen Bogen Papier, und malen Sie große Buchstaben. Wenn Sie großzügig schreiben, denken Sie auch großzügig. Nur ja keine Zettelchen mit schwachem Bleistiftgekritzel in der untersten Ecke. Am besten sind halbmetergroße Buchstaben. Möglichst in Leuchtfarben, damit sie auch im Dunkeln zu sehen sind:

Fünf Fähigkeiten, die ich habe und die ich bei meiner Arbeit gut brauchen kann.

Unter Fähigkeiten verstehen wir zum Beispiel Maschineschreiben, Anfertigen von Overheadgrafiken, Texte redigieren, Blutdruck messen, unterrichten, Englisch sprechen, Garten umgraben, Auto fahren, Kuchen backen...

Fünf Eigenschaften, die ich bei meiner Arbeit gut brauchen kann.

Unter Eigenschaften verstehen wir z. B. Hartnäckigkeit, rasche Auffassungsgabe, verschiedene Meinungen unter einen Hut bringen, ein guter Muntermacher/Zuhörer sein, Probleme nicht noch größer machen, Freude vermitteln.

Fünf Dinge, die ich sonst noch gut kann.

Fünf Schwächen (Fähigkeiten oder Eigenschaften), die sich bei der Arbeit herausstellen.

Sind Ihre Schwachpunkte wirklich ein Hindernis bei der Arbeit? Wie können Sie sie ändern? Lassen sie sich vielleicht dadurch bessern, daß Sie z. B. einen Taschenrechner anschaffen, jemanden um Rat fragen, der mehr kann als Sie, oder daß Sie andere Aufgaben übernehmen, irgendwo anders volontieren oder einen einschlägigen Kurs besuchen?

Verlieren Sie nur ja nicht Ihre Selbstachtung, weil Sie nicht alles können. Wir raten Ihnen, alles, was Sie verbessern können, schriftlich auszuformulieren. Statt der Selbstvorwürfe: »Heute komme ich schon wieder zu spät!« – »Ich rede zuviel« – können Sie denken: »Heute will ich rechtzeitig da sein« – »Ich will besser zuhören lernen«...

Mit manchen Schwächen müssen Sie einfach leben lernen. Lernen Sie Ihre Grenzen kennen, und Sie fühlen sich besser. Sie müssen schließlich nicht alles können! Sie sind auch weiterhin gut – so wie Sie sind.

Historische Perspektiven. Eine tröstliche Übung ist der Rückblick auf das, was sich in den letzten Jahren ereignet hat.

Vergleichen Sie Ihr heutiges Ich mit der Person, die Sie noch vor einigen Jahren gewesen sind. Legen Sie eine Liste mit fünf erkennbaren Veränderungen an.

(Stellen Sie sich vor: Hier stehe ich jetzt! Klar gibt es noch immer Verbesserungsfähiges, aber das schmälert nicht die Bedeutung dessen, was ich erreicht habe!)

Hinaus ins Freie. Eine sichere Art, ihren Topf aufzufüllen, ist für uns, Barbro und Nina, viel ins Freie zu gehen. Im Wald gibt es keine Reklameschilder, die man zu beachten hat, keine drängelnden Menschen, keine lärmenden, Abgase ausstoßenden Autos... Die Seele kommt zur Ruhe.

Suchen Sie sich ein Lieblingsplätzchen, einen Baum, einen großen Stein, einen Ort eben, wo Sie Kräfte sammeln können. (Das klingt albern? Nein, nur ist es in unserer Kultur eben kaum üblich. Menschen anderer Kulturkreise/Religionen haben Stätten, die sie aufsuchen, um neue Kraft zu schöpfen.) Sammeln Sie Pilze, laufen Sie Ski oder wandern Sie querfeldein. Tun Sie, was Ihnen gefällt – und wenn ein Bummel zu IKEA oder in den Supermarkt draus wird.

Gute Nachrichten aus den letzten vierundzwanzig Stunden

Der Planet dreht sich weiterhin wie bisher um die eigene Achse, folglich ist die Sonne überall auf der Welt aufgegangen.

Milliarden Vögel haben gesungen, und eine unendliche Anzahl Blumen hat geblüht.

Die Erde wurde mit 340000 ganz neuen, süßen Menschenkindern gesegnet.

In jeder Minute wurden auf unserem Planeten intelligente, liebevolle und sehr mutige Taten ausgeführt.

Millionen Menschen haben es abgelehnt, etwas Böses zu sagen oder zu tun.

Hunderttausende neuer wirklich guter Ideen wurden geboren.

Milliarden Menschen haben gelacht, haben etwas Neues gelernt, waren einander zärtlich zugetan, lieben das Leben und weigern sich, aufzugeben.

(Unbekannter Autor)

Affirmationen

Ich... kann mehr, als ich glaube, und ich habe Mut zu neuen Versuchen. Mein Topf ist immer voll.
Ich... darf mich freuen und das Leben genießen.

7

Wir nehmen zuviel Verantwortung auf uns

Nur wer brennt, läuft Gefahr auszubrennen. Unser Einsatz und unser Wunsch, im Leben etwas zu leisten, kann sich negativ auswirken, wenn die Flamme zu hell brennt. Sie kann bewirken, daß wir im Beruf und auch im Privatleben zuviel Verantwortung übernehmen: Verantwortung nämlich, die wir eigentlich gar nicht übernehmen müßten.

Es ist gut, Verantwortung zu tragen, andere Menschen zu verstehen, Mitgefühl zu haben und manches zu verändern. Die Welt ist voll Menschen, die hauptsächlich an sich selbst, an ihre Brieftasche, ihre Kinder denken, und die immer nur ihre eigene Kaffeetasse abwaschen. Und wir, die wir leicht zuviel Verantwortung übernehmen, lassen uns von ihnen provozieren und haben sie als abschreckendes Beispiel vor Augen. So wollen wir um alles in der Welt nicht werden!

Es geht darum, zwischen unserer großen Einsatzfreude und unserem ein wenig ausufernden Verantwortungsgefühl das richtige Gleichgewicht zu finden – und auch ein bißchen an uns selbst zu denken. Sonst werden wir zu rücksichtslosen Egoisten, die schließlich selbst ein Teil des Problems darstellen. Es muß ein Gleichgewicht sein, bei dem wir genau erkennen, daß alles, was wir tun, wichtig ist – daß wir aber nicht alles allein tun müssen.

Sollte jemand Sie auffordern, eine Tasche mit Bleigewichten von 150 kg wegzutragen, würden Sie ihn einfach auslachen und sagen: »Laß dir was Besseres einfallen! Da bücke ich mich doch nicht mal!«

Vielleicht würden Sie ein bißchen an der Tasche ziehen, um sich zu überzeugen, daß sie wirklich unmöglich schwer ist. Sie würden die Schultern zucken und ohne schlechtes Gewissen weggehen.

Aber 150 unsichtbare Verantwortungskilo schleppen Sie herum, hier reagieren Sie völlig anders. Sie nehmen alles auf Ihren Buckel, schwitzen, stöhnen und verdammen sich selbst – und dann schämen Sie sich auch noch, daß Sie ›das bißchen‹ nicht schaffen.

Sie können einfach auf einem voll ausgelasteten Posten nicht zehn neue Aufgaben übernehmen und auch noch denken, daß Sie in jedem einzelnen Punkt Qualitätsarbeit zu leisten imstande sind. Hier müssen wieder Prioritäten gesetzt oder es müssen von der vorgesetzten Stelle Entscheidungen darüber verlangt werden, was weggelassen werden kann. Selbst die größte Intelligenz hat ihre Grenzen. Wir müssen erkennen, wo diese Grenze verläuft, um nicht als verbitterte, überforderte und ausgebrannte Wracks zu enden.

Wir, Barbro und Nina, haben festgestellt, daß hier einer unserer Schwachpunkte lag und daß wir diese Schwäche noch immer nicht überwunden haben. Trotzdem fällt uns kein konkretes Beispiel ein. Wir wissen, daß wir uns im Alltag dauernd zuviel aufhalsen. Allerdings war es früher noch weit schlimmer... aber es ist wie gesagt schwierig, konkrete Beispiele anzuführen. Wir können uns kaum noch erinnern... aber unser Gefühl sagt uns, daß wir uns zuviel zugemutet haben.

Beim Schreiben dieses Kapitels sind wir an dieser Stelle steckengeblieben.

Wir waren nicht zufrieden. Wir saßen viele warme Juniabende lang in Ninas Büro, schrieben neu und schrieben um und diskutierten. Aber wir kamen nicht weiter.

Da hörten wir eines Abends, daß das Terminal seltsame Geräusche von sich gab. »Du, da draußen ist was los!« sagte Nina. Alle Türen zum Büro waren abgeschlossen. Einmütig und forsch standen wir auf und gingen zum Computerraum.

Als wir näherkamen, hörten wir eine Stimme brummeln: »Kann's ja gleich selbst machen. Die zwei werden mir nie das sagen, was ich will. Also kann ich's gleich selbst tun..«

Wer konnte das sein?

Dort, auf dem Stuhl vor dem Computer, saß eine Frau, etwas älter als wir und fast doppelt so dick. Ihr Haar hatte sie zu einem Knoten gedreht, und sie trug ein geblümtes ärmelloses Kleid. In der Brusttasche steckte ein Piepser. Auf dem Fußboden stand ein tragbares Autotelefon. (Das Büro liegt im 6. Stock.)

»Die muß hierher gekommen sein wie Karlsson vom Dach«, flüsterte Barbro. »Wer ist die?«

Die Frau tippte unverdrossen drauflos und nahm uns kaum zur Kenntnis.

»Wer sind Sie?« fragten wir.

»Ich bin die Große Mutter, und ich bin hier, weil ich mir um dieses Kapitel Sorgen mache. Ihr scheint das nicht hinzukriegen, und da habe ich mir gedacht, warum soll das nicht ich übernehmen. Ich bin ja schon viel zu alt, um mich abends amüsieren zu gehen.«

»Ja, aber...« piepsten wir im Chor. »Wir wollen das Kapitel selbst schreiben!«

»Kommt überhaupt nicht in Frage. Das tue ich.« Und sie tippte weiter drauflos, ohne Notiz von uns zu nehmen.

Wir versuchten eine Weile, sie von ihrem Vorhaben abzubringen, mußten uns aber in die Küche zurückziehen.

»Wer ist die?«

»Wie ist die hierher gekommen?«

Plötzlich – in einem lichten Moment – erkannten wir voll Entsetzen, daß sie WIR war, oder wir waren SIE, je nachdem, von welcher Seite man die Sache betrachtete...

Uns wurde bewußt, daß wir uns selbst wie eine Große Mutter aufführten. Wir halsten uns zu viele Verpflichtungen auf und hielten jeden anderen für ein minderbegabtes Kind.

Zaghaft gingen wir noch einmal zu der Frau hin, die

eigentlich Wir war. Sie schrieb einfach weiter und murmelte: »Kann's ja gleich selbst tun...«

Das nächstemal, als sich der Computer ausschaltete (er verträgt nämlich die Sommerwärme nicht!), begannen wir über einer Tasse Kräutertee ein Gespräch und unternahmen den schüchternen Versuch, einander kennenzulernen.

»Warum sagen Sie immer wieder: ›Kann's ja gleich selbst machen‹?« fragten wir.

»Weil ich's nun mal gleich selbst machen kann: Ist doch so!«

Uns dämmerte, daß das bei ihr eine stehende Rede war, wenn sie zu viele Verpflichtungen auf sich genommen hatte.

Außerdem hatte sie sieben verschiedene Argumente auf Lager, die sie still vor sich hin dachte, wenn sie ihre Phrase von sich gegeben hatte. Sieben verschiedene Gründe, warum sie so viele Verpflichtungen übernahm.

An diesem Abend hatte sie unsere Arbeit übernommen, weil wir ihr leid taten, weil das Kapitel ordentlich aufgebaut sein und nicht zuletzt, weil ihr Name in dem Buch genannt sein sollte.

Sie hatte nicht aus Bosheit gehandelt. Sie wollte nur, wie jeder andere Mensch, gebraucht werden.

Im Lauf des Abends wurde uns immer mehr bewußt, daß sie sehr einsam war. Sie schien nicht zu begreifen, daß es außer ihr auch noch andere Leute gibt, die das Kapitel schreiben könnten, zum Beispiel uns.

Die sieben Argumente der Großen Mutter

● BESSER, ICH MACH'S GLEICH SELBST — dann bin ich wenigstens mit dabei.

Oft bringt sie dieses Argument nur, weil sie spüren will, daß sie gebraucht wird und daß sie eigentlich unentbehrlich ist.

Wir merkten, daß es ihr recht schwer fiel, das zuzugeben. Es war ein heikles Kapitel. Tief im Inneren hatte sie Angst davor, austauschbar zu sein. Wir brauchen alle das Gefühl, daß man ohne uns nicht auskommt. Für viele Menschen verliert das Leben seinen Sinn, wenn sie nicht gebraucht werden. Dadurch bekommen wir Schwierigkeiten mit dem Delegieren von Verpflichtungen. Je mehr wir zu tun haben, desto mehr werden wir gebraucht. Und darum war sie, die Große Mutter, zu uns gekommen. Sie wollte/mußte das Kapitel schreiben.

Nicht selten wird die Große Mutter zur Expertin. Damit macht sie sich garantiert unentbehrlich. Kein Mensch kann gerade das, was jetzt gefragt ist, so gut wie sie. Sie lacht verlegen: »Manchmal geize ich ganz gern. Meine ›Rezepte‹ sind mein Geheimnis. Stell dir vor, jemand anderer könnte etwas ebenso gut wie ich... oder gar noch besser! Dann wäre ich ja überflüssig...«

Sie sagte das voll Entsetzen.

Barbro erinnerte sich plötzlich, daß sie die Große Mutter schon einmal auf einem früheren Arbeitsplatz getroffen hatte. Sie waren einige Jahre Kolleginnen gewesen. Die Große Mutter hieß damals Ruth und stand kurz vor der Pensionierung.

Ruth hatte ihren Posten mehr als zwanzig Jahre tadellos bekleidet. Sie war nicht verheiratet, hatte keine Kinder, und die Verwandten wohnten in der anderen Ecke des Landes. Als sie in Pension ging, sollte eine jüngere Kraft an ihre Stelle treten. Aber das war so gut wie unmöglich. Nichts, was sich auf Ruths Arbeit bezog, war schriftlich festgehalten. Es war unmöglich dahinterzukommen, wie sie alles organisiert und geplant hatte. Ruth hatte immer alles im Kopf.

Wenn sie aufgefordert wurde, ihren Schreibtisch rechtzeitig zu übergeben, sagte sie immer: »Ja, ja, werde ich.« Aber sie fand nie die Zeit dazu und hatte auch gar kein Interesse daran.

Es dauerte mehrere Monate, bis die Neue begriffen

hatte, wie die einzelnen Arbeitsvorgänge zusammenhingen.

»Ich habe mich als Ruth immer unsicher gefühlt«, sagte die Große Mutter. »Ich wollte nicht, daß jemand Einblick in meine Arbeitsweise bekommt. Wollte nichts weitergeben aus Angst, nicht gut genug gewesen zu sein. Dachte, diese Neue wird nichts als kritisieren.«

● BESSER, ICH MACH'S GLEICH SELBST – dann wird es auch ordentlich erledigt!

Uns war klar, daß dieses zweite Argument etwas mit ihren hohen Ansprüchen zu tun hatte. Es ist auch der Grund, warum ihr das Delegieren schwerfällt. Manche Arbeiten bleiben bei ihr hängen – damit sie ordentlich erledigt werden. Oft soll etwas auch besonders schnell gehen – so schnell wie immer bei ihr.

Wagt sie einmal, das eine oder andere aus der Hand zu geben, steht sie Todesängste aus, weil das Ergebnis mangelhaft sein könnte. Jeder andere wird zum Kind, das fast sicher etwas falsch macht oder zu einem Erwachsenen, der ihr Niveau noch lange nicht erreicht hat. Unterläuft dem andern ein Fehler, ist es so, als hätte sie ihn selbst gemacht.

Sie überwacht natürlich alles und hat kein Einsehen bei ihrer Meinung nach weniger gelungenen Ergebnissen. Da ist der Kollege, der die Liste nicht exakt nach dem Alphabet anlegt, der Mann, der die Wäsche falsch sortiert hat, und da sind die Kinder, die das Geschirr gespült und irgendwo ein Fleckchen oder einen Schmutzrand nicht ganz entfernt haben.

Nach außen hin wirkte sie äußerst selbstsicher, aber als wir an diesem Abend ein bißchen tiefer bohrten, war sie innerlich doch recht unsicher.

»Nur ja nichts falsch machen. Allein von dem Gedanken wird mir ganz schlecht«, erklärte sie.

● BESSER, ICH MACH'S GLEICH SELBST – kein andrer kniet sich so 'rein.

128

Es stellte sich heraus, daß diesem Argument zwei Ursachen zugrunde lagen: Die Große Mutter hatte nie gewagt, um Hilfe zu bitten, und außerdem war sie ihrer Meinung nach immer von Menschen umgeben gewesen, die keine Leistungsbereitschaft zeigten und die sich vor Verantwortung drückten.

Die Große Mutter wagt aus Angst vor dem, was passieren könnte, nicht um Hilfe zu bitten. Sie könnte einen Korb bekommen! Sie fürchtet sich vor Antworten wie:

»Nein, du wärst die letzte, der ich in meinem Leben helfen würde.« (Und dazu hämisches Lachen.) »Haha, ist das eine blöde Frage. Für wen hältst du dich eigentlich? Wenn du die Sache angenommen hast, mußt du eben sehen, wie du alles an Land ziehst.«

Und dann steht sie erst mit der ganzen Arbeit da, und ihr Selbstvertrauen ist noch mehr erschüttert.

Aber reagieren unsere Mitmenschen wirklich so? Die meisten unserer Kollegen sind doch feine Kumpel und wollen nur unser Bestes. Jeder von uns reagiert irgendwann einmal seltsam. Weil aber die Große Mutter nie um Hilfe zu bitten pflegt, wissen die Menschen in ihrer Umgebung bald, daß sie einen so großen Schritt – nämlich um Hilfe zu bitten – nur tut, wenn ihr wirklich schon alles über den Kopf wächst.

»Der Gedanke ist mir überhaupt nie gekommen, daß ich um Hilfe bitten könnte«, gestand sie uns.

Das wies einmal mehr auf ihre große Einsamkeit hin. Sie sieht die anderen Menschen rundherum gar nicht und rechnet auch nicht mit ihnen. Nicht weil sie boshaft ist, sondern weil sie vermutlich immer allein zurechtkommen mußte. Wie kann sie nach etwas fragen, das ihr nie zuteil geworden ist?

Sie argumentiert aber auch dann so, wenn Leute in ihrer Umgebung sich absolut passiv verhalten und keinen Finger rühren.

Sie legt sich immer ins Zeug. Andere verschanzen sich hinter einem Schweigen oder der Ausrede ›viel zu tun‹.

Und fast jedesmal springt die Große Mutter dann in die Bresche – sie, der Feuergeist! Manchmal tut sie es voll Zorn, weil sich zum hundertsten Mal niemand kümmert. Manchmal tut sie es mit einem Seufzer der Ergebenheit. Je öfter sie das aber tut, desto sicherer wird ihr alles aufgehalst, und sie hat kaum mehr eine Chance, alles zu bewältigen, ohne selbst Schaden zu leiden.

Plötzlich stöhnt Barbro auf und knirscht mit den Zähnen. Sie hatte die Frau wiedererkannt, die sie selbst vor einigen Jahren noch gewesen war.

Die Große Mutter hält sich nämlich irgendwie für eine große Gewichtheberin. Hundertfünfzig Kilo – kein Problem!

In ihrer feurigen Art lädt sie sich leicht zuviel auf die Schultern. Manche Leute lieben sie deswegen geradezu. Sie können dann nämlich selbst alles stehen und liegen lassen. Jeder weiß, sie wird das schon machen. Wozu überhaupt Neues ausprobieren? Wer stürzt sich schon freiwillig in schwierige Aufgaben! Viele Menschen brauchen Zeit, ein bißchen freundliches Zureden und Unterstützung, ehe sie etwas Neues angehen. Und wenn die Große Mutter mit von der Partie ist, haben andere sowieso keine Chance.

»Sie wollen ja auch gar nicht!« wandte die Große Mutter gekränkt ein. »Und irgend jemand muß es doch machen!«

»Ach! Und müssen das unbedingt Sie sein?« fragte Barbro, der inzwischen klar geworden war, was sie selbst falsch gemacht hatte.

»Ja. Alle anderen wollen doch nicht.«

»Dann pfeifen Sie eben auch auf diese Arbeit, und lassen Sie die anderen die Konsequenzen ihrer Passivität spüren! Passivität ist schließlich auch eine Art von Handeln.«

»Aber dann geschieht ja nichts!«

»Sie müssen respektieren, daß andere Leute in ihrem Leben anderen Dingen Vorrang geben. Muß man sich denn unbedingt immer und überall so abrackern wie Sie?«

»Aber die anderen finden doch die Idee an sich gut und wollen sie durchgeführt wissen. Ihr kennt sicher den Spruch des Dichters: ›Jemand muß ja der Pilot sein, der die Lokomotive an Land rudert!‹« Die Große Mutter sagte das sehr ernst und mit funkelndem Blick.

»Sie meinen, die wollen Kuchen essen, nur backen wollen sie ihn nicht?«

Die Große Mutter nickte.

»Der Vergleich hinkt«, sagte die plötzlich so klug gewordene Barbro. »Sie müssen einfach den Mut haben, andere Menschen die Konsequenzen aus ihrem Handeln ziehen zu lassen.«

Mut haben, andere Menschen die Konsequenzen aus ihrem Handeln ziehen zu lassen.

Die Große Mutter überlegte ein Weilchen und gab dann zu, daß sie andere manchmal nicht für fähig hält, Konsequenzen zu ziehen. Dieser kleine Irrtum unterläuft ihr nicht nur am Arbeitsplatz, sondern auch zu Hause.

Sie erinnert sich an ein anderes Dasein. Damals hieß sie Lotte und war Büroangestellte. Sie sollte jährlich einen Katalog für Gewerbetreibende einer bestimmten Sparte zusammenstellen. Es sollte so etwas wie eine gemeinsame Werbebroschüre werden. Mehr konnten sich diese Leute nicht leisten. Die genauen Unterlagen sollten zu einem festgesetzten Termin zur Verfügung stehen und in einwandfreier Aufmachung eingeschickt werden.

Natürlich kam nicht alles Material rechtzeitig herein. Manche Hinweise fehlten ganz, es gab eine Menge Rechtschreibfehler, und vieles war einfach schlampig gemacht. Die Große Mutter übernahm die Koordination, rief alle an, die noch nichts abgeliefert hatten. Sie korrigierte, brachte stilistisch alles ins reine, überprüfte die Richtigkeit und beschaffte gutes Bildmaterial.

Die Unterlagen verließen ihren Schreibtisch in tadellosem Zustand. Auch der Nachlässigste hatte zum Schluß eine werbewirksame Anzeige.

»Und warum haben Sie sich diese Riesenarbeit ange-
tan?« fragte Nina.

»Ach, ich konnte mich so in die Situation dieser Leute
hineindenken. Sie hatten alle wenig Zeit und keine Ahnung
von Werbung. Da es sich vor allem um Familienbetriebe
handelte, war die Qualität des Katalogs auch für die nächste Generation wichtig. Ich konnte doch die Kinder nicht
büßen lassen, daß ihre Eltern minderwertiges Material
abgeliefert hatten.«

»Und Sie haben Ihrem Herzen nie Luft gemacht?
Haben keinem gesagt, wie Sie sich Jahr für Jahr abschin-
den?«

»Nein. Das wäre doch wohl nicht anständig gewesen.«

»Ist Ihnen nie der Gedanke gekommen, daß Sie den
Leuten dadurch jede Möglichkeit genommen haben, sich
zu bessern oder die Konsequenzen aus ihrem Verhalten zu
tragen?« wandten wir beide ein. »Die Handwerker wären
also zum Beispiel einmal ein Jahr lang ohne Werbung
gewesen.«

Da gibt es noch etwas, das mit den Konsequenzen aus dem
eigenen Verhalten zu tun hat: Nennen wir es kurz Team-
geist.

Oft herrscht in Arbeitsgruppen alles andere als Solidarität. Gemeinsam wurde beschlossen, daß etwas Bestimmtes gemacht wird. Und dann will niemand die Verantwortung übernehmen. Die Große Mutter nimmt sich wie
üblich der Sache an. Und keiner greift ihr unter die Arme.

Eins läßt sich aber nicht umgehen: Nimmt sich eine Person aus dem Arbeitsteam einer Aufgabe an, die alle für
wichtig halten, dann muß auch die ganze Gruppe dafür
sorgen, daß der Großen Mutter all die Unterstützung
zuteil wird, die sie braucht, um die Aufgabe zu erfüllen.
Sie braucht Hilfe und Zeit, um das Vorhaben zu Ende zu
bringen; folglich müssen die Kollegen manches übernehmen, was sonst Aufgabe der Großen Mammi wäre. Das
Arbeitsteam *als Gruppe* hat die Arbeit geplant. Also kann

132

die Aufgabe nicht auf eine Einzelperson abgewälzt werden.

Aber Große Mütter sind tapfere einsame Kämpfer, ganz gleich, wie stark ihnen der Wind ins Gesicht bläst.

● Besser, ich mach's gleich selbst – er/sie schafft das doch nicht.

Die Große Mutter sieht in anderen nicht selten hilflose Wesen. Sie setzt gar nicht voraus, daß ein anderer Mensch allein zurechtkommen könnte. Hier ist die Große Mutter in ihrem Element.

»Wenn ich es nicht mache, muß Ulla es tun, aber ich weiß nicht, ob sie das schafft...«

»Das übernehme ich.«

»Niemand außer mir kann das.«

Hier argumentiert die Große Mutter fast wie ein Automechaniker. Ihre Mitmenschen sind von ihr abhängig.

Wenn ein Auto defekt wird, kommt es in die Werkstätte, und nur der Mechaniker kann es wieder instand setzen. Niemand erwartet, daß das Auto ihm erzählt, was los ist, oder daß es gar selbst eine Reparatur durchführt.

»Niemand außer mir kann das. Ich komme mir wie ein großes Sicherheitsnetz vor. Ich muß die Schwächeren vor schrecklichen Fehlern, Enttäuschungen und Mißerfolgen bewahren. Wenn in unserer Gesellschaft oder im Betrieb oder in irgendeinem Menschenleben etwas mißlingt, fühle ich mich verpflichtet, alles so gut wie möglich wieder hinzubiegen«, seufzte die Große Mutter.

»Sie können doch nicht ganz allein alle Ungerechtigkeiten der Welt ausbügeln«, wandten wir ein. »Das Leben ist leider nicht so gerecht, wie Sie es gern hätten. Sie können unmöglich allein all die vielen Ungerechtigkeiten gutmachen. Das ist eine gemeinsame Aufgabe für uns alle.«

Sie starrte uns groß an.

»Meint ihr das im Ernst?«

»Haben Sie schon einmal überlegt, daß die Erde sich auch vor Ihrer Geburt schon gedreht hat? Daß immer schon Regen fiel und die Sonne aufging?« fragte Nina leise.

Die Große Mutter überlegte eine Weile. Dann ließ sie uns wissen, sie habe freiwillig einen Beruf gewählt, in dem sie für Menschen da zu sein habe. Folglich müsse sie für diese Menschen auch alles in Ordnung bringen.

Mitgefühl, Einfühlungsvermögen, Verständnis – das sind die positiven Seiten dieses verantwortungsvollen Tuns. Es bedeutet aber noch lange nicht, daß die Beraterin eins mit dem Betreuten werden und ihm die Verantwortung für sein Leben abnehmen muß.

Barbro erzählte der Großen Mutter: »Jeder Mensch ist für sein Leben verantwortlich. Du bist dazu da, deine Mitmenschen das richtige Werkzeug finden zu lassen und sie auf ihrem Weg zu begleiten. Gib dem Hungernden keinen Fisch, sondern bringe ihm bei, wie man ein Netz knüpft; dann kann er seine Nahrung selbst fangen. Nur so wird er selbständig.«

»Ich glaube nicht, daß die anderen allein zurechtkommen. Also mache ich's gleich selbst«, antwortete die Große Mutter. Sie konnte das, was Barbro gesagt hatte, offensichtlich nicht gutheißen.

Als wir ein bißchen auf den Busch klopfen, zeigt sich, daß sie sich einfach nie traut, von anderen etwas zu verlangen. Sie ist überzeugt, daß andere Menschen das meiste nicht können. Alle die vielen Behinderten, die Kinder, die frisch Geschiedenen, die Leute, die nachts schlecht schlafen oder gerade erkältet sind... Müssen sie einem nicht unendlich leid tun...

Sie will nicht sehen, wie viele Kräfte und Möglichkeiten in jedem Menschen schlummern. Sie ist nur mit deren Schwächen beschäftigt.

»Ich habe immer das Gefühl, daß ich boshaft und dumm und egoistisch bin, wenn ich nein sage und etwas nicht mache. Ich kann doch um soviel mehr als die anderen.«

Wir versuchten ihr zu erklären, daß alle Menschen sich durchs Leben durchexperimentieren müssen, daß Fehler einfach dazugehören, will man im eigenen Rhythmus wachsen. Aber die Große Mutter begriff nicht, daß sie durch ihr Vertrauen in das Können eines anderen ihm auch beim Wachsen hilft. Sie schüttelte nur den Kopf und wollte nicht einsehen, daß es oft genügt, einfach im Hintergrund zu stehen und hier und dort ein wenig nachzuhelfen mit ein bißchen Aufmunterung, einem guten Rat – vorausgesetzt der andere bittet darum.

Natürlich wird nicht jeder hell aufjauchzen, wenn sie, die Große Mutter, eines Tages mit ihren neuen Einsichten daherkommt. Manch einer wird knurren, es wird beleidigte Gesichter und noch vieles mehr geben, weil sie jetzt nicht mehr alles selbst machen will. Schließlich hat sie es doch bis jetzt immer getan.

Hier hakte Nina ein. Sie hatte ein Beispiel zum Thema auf Lager. Als sie mit ihrer langwierigen, schmerzhaften Gelenkserkrankung im Krankenhaus lag, fühlte sie sich für ihren Vater verantwortlich. Sie wollte ihn vor der Sorge um ihren Zustand schützen.

Wenn er sie also besuchen kam, freute sie sich immer riesig und hatte keinerlei Beschwerden. Wenn ihr Vater dann erleichtert fortging, mußte das Pflegepersonal Nina zusätzliche Therapien verabreichen. Sie war jedesmal total fertig und mit ihren Kräften am Ende. Aber Nina war eben überzeugt, ihr Vater werde die Angst um ihren Gesundheitszustand nicht verkraften.

● BESSER, ICH MACH'S GLEICH SELBST – es ist ja doch nur alles meine Schuld.

Während des Gesprächs mit der Großen Mutter stellte sich heraus, daß sie auf eine sonderbare Art Verantwortung und Schuld verquickte. Oft kann man sich des Eindrucks nicht erwehren, daß sie auch dort Schuld auf sich nimmt, wo sie für die Mißstände überhaupt nichts kann.

Bei ihrer Arbeit im Sozialdienst nimmt sie sogar die Schuld an der Situation der von ihr Betreuten auf sich. Sie versucht als eine Art ›Sühne‹, deren Probleme zu klären, was auf die Dauer natürlich weder für die Große Mutter noch für ihre Schützlinge eine Lösung ist.

Hier kam Nina die zweite Einsicht. Sie hat einen älteren Bruder, der gelähmt und an den Rollstuhl gefesselt ist. Schon als Kind hatte sie Lars gegenüber Schuldgefühle und bemutterte ihn mehr als nötig. Sie fühlte sich schuldig, weil sie mit einem gesunden Körper zur Welt gekommen war, während ihm dieses Glück verwehrt blieb. Sie kam von dem Gefühl nicht los, das sei ihre Schuld. Häufig befiel sie angesichts seiner Probleme, die sie durch ›Helfen‹ zu lindern versuchte, große Angst.

Als logische Folge wählte sie später einen Sozialberuf, in dem sie sich der ›Schwächeren‹ annehmen konnte. Erst durch Psychotherapie lernte sie erkennen, daß sie keinerlei Schuld an der Behinderung ihres Bruders hatte. (Heute ist Lars mit Gerd, einer nicht behinderten Frau, verheiratet, und sie haben zusammen einen kleinen Sohn. Wahrlich ein Happy-End.)

»Dann habe ich also in dem Leben, in dem ich Rosemarie hieß, auch einen großen Fehler gemacht? Ich bekam eine geistig behinderte Tochter und habe später mit geistig Behinderten gearbeitet...«, überlegte die Große Mutter seufzend.

»Nein, das war natürlich nicht falsch«, sagte Nina. »Aber wenn du die ganze Zeit nur Schuldgefühle hast, mußt du etwas gegen diese ›Gefühle‹ tun. Du darfst nicht etwa die Arbeit aufgeben! Du mußt nur trachten, daß du deine alte Last aufarbeitest. Verstehst du, was ich meine?«

Die Große Mutter nickte.

»Du leistest dann wesentlich mehr und kannst alle Erfahrungen aus dem Leben einbringen, das du mit deiner behinderten Tochter geführt hast. Sieh mich an«, fügte Nina hinzu. »Ich bin daran gewachsen, daß ich einen behinderten Bruder hatte.«

»Mein Entschluß, lateinamerikanische Flüchtlinge zu betreuen, ist ja auch nicht nur Zufall«, flocht Barbro ein.

»Mein Vater kam während des Zweiten Weltkriegs als Flüchtling nach Schweden. Sein U-Boot wurde lange von den Deutschen gejagt...«

»Mit Schuldgefühlen bringst du nie den Mut auf, Ansprüche an andere zu stellen. Und du wirst daran zweifeln, ob dir selbst in einer Notsituation irgend jemand helfen wird«, schloß Nina.

● BESSER, ICH MACH'S GLEICH SELBST — dann kann ich die richtigen Vorschläge machen und sie auch durchsetzen...

Hier lachte die Große Mutter ein wenig verlegen. Aber sie verheimlichte nicht, daß sie manchmal eine Aufgabe übernimmt, um die richtigen Vorschläge, d. h. ihre eigenen, einbringen und durchsetzen zu können. Denn wenn dieser oder jener bescheuerte Kollege die Sache in die Hand nimmt, geht ja doch alles schief. Die Große Mutter weiß genau, wes Geistes Kind die sind...

Sie liebt es, Einfluß zu haben. Das merkt man ihr gleich an. Bestimmt war das auch der Grund ihres Auftauchens hier bei uns. Sie wollte unser Kapitel schreiben. Sie steckt gern die Nase überall 'rein und macht sich durch Mitarbeit unentbehrlich. Probleme entstehen, wenn sie in zu viele Dinge gleichzeitig die Nase zu stecken versucht.

● BESSER, ICH MACH'S GLEICH SELBST — bisher hab' ich's doch auch immer gemacht.

Es stellte sich heraus, daß sie einen kleinen Betrieb mit Namen ›Hotel Umsonst‹ hatte. Daher auch das Personensuchgerät.

»Einmal, als das Hotel ganz, ganz schlecht ging, beantragte ich einen Hilflosenzuschuß. Aber es zeigte sich, daß es keine Sparte ›Heimpflege für einen gesunden Mann‹ gibt.«

Sie betreut bei sich zu Hause geistig und körperlich absolut gesunde Menschen. Sie bietet ihrer Familie Hotelkomfort, weil es immer so gewesen ist, weil sie keinen

Krach will und weil eben alles richtig gemacht werden muß
– also genau so, wie sie sich das vorstellt.

Schwedische Kinder helfen fast nie im Haushalt. Das
ergab eine vom Konsumentenschutz gestartete Umfrage.
Kinder zwischen 5 und 18 Jahren helfen etwa eine Viertelstunde täglich; das sind im Durchschnitt pro Woche zwei
Stunden. Etwa 50% der Jungen und 30% der Mädchen
verrichten so gut wie nie Hausarbeit!

Das erwähnten wir nicht etwa deshalb, weil die Große
Mutter sich über ihre schrecklichen Kinder aufregen sollte.
Wir erwähnten es, weil sie endlich einmal überlegen sollte,
was es heißt, in einem Zuhause aufzuwachsen, das gar kein
Zuhause ist.

»Die Kinder bekommen ja nie zu spüren, daß es ihr
Zuhause ist, wenn sie nicht helfen und mitbestimmen dürfen. Sie wollen doch mit dir und deinem Mann zusammen
verändern und aufbauen«, führten wir ins Treffen.

Kinder müssen fühlen, daß sie gebraucht werden. Daß
ihre Hilfe wertvoll ist. Sonst fühlen sie sich austauschbar
wie Hotelgäste. Das Zuhause wird zur Hotelhalle. Es scha-
det ihnen absolut nicht, wenn sie alltägliche Pflichten
übernehmen müssen.

»Aber sie können ja noch nichts. Und sie sind viel zu
langsam. Machen alles falsch! Machen alles kaputt, und
dann kann ich noch hinterherräumen«, wendete die Große
Mutter ein.

»Aber die Sachen gehören doch auch irgendwie ihnen!«

Wir erzählten ihr von einem Kursteilnehmer, der von
einem Besuch in Vietnam berichtet hatte. Dort ist der
Wasserbüffel der wertvollste Familienbesitz. Durch seine
Arbeit kann die Familie überleben. Ein Wasserbüffel ist
dort mehr wert als bei uns das Familienauto. Das Überleben der Familie hängt davon ab, wie gut das Tier gehalten
wird. Und das ist Aufgabe der Kinder. Sie treiben den Büf-
fel nach der täglichen Arbeit zur Wasserstelle, waschen
ihn, spielen mit ihm und fühlen sich für ihn verantwortlich.

»Überläßt du die Verantwortung für das Auto oder für das Videogerät etwa deinen Kindern?« fragten wir sie.

»Seid ihr verrückt!«

»Du leistest ihnen doch nur einen Bärendienst, wenn du immer auf dem Sprung bist und ihnen alles abnimmst. Dein Mann ist schließlich kein kleines Kind. Du machst dich ja selbst fertig.«

»Ihr meint also, man braucht keinen Piepser und kein Funktelefon?« fragte die Große Mutter mit runden Augen. »Ich habe die Dinger immer dabei. Ich muß doch jederzeit erreichbar sein, wenn zu Hause was los ist.«

Wir starrten sie fassungslos an und sagten dann: »Nein, du brauchst wirklich nicht unbedingt einen Piepser...«

Daß die Große Mutter sich so viel aufhalst, liegt auch mit daran, daß sie nur schwer nein sagen kann.

»Nur über meine Leiche. Nein ist so ein häßliches Wort. Es ist genauso schlimm wie fluchen oder Gemeinheiten sagen.«

»Nun ja, du bist nicht die einzige, der's so geht«, kommentierten wir trocken.

Es stellte sich heraus, daß sie in der Schule immer als letzte in die Völkerballmannschaft gewählt worden war.

»Ist doch klar, daß ich mich freue, wenn jemand mich um etwas bittet. Endlich kommt mich jemand fragen – und da mache ich dann eben sehr gern mit.«

Auch wenn sie rundherum das blütenreinste Gewissen hat, kann sie nicht nein sagen. Selbst wenn sie übers Wochenende zusätzliche Arbeit mit nach Hause nehmen muß. Ihr schweben Schreckensszenen vor, wenn sie nein sagt:

● die finden mich unkameradschaftlich
● die werden mich nie wieder bitten
● die halten mich für schäbig
● ich bin gemein und habe sie gekränkt
● die werden sich rächen, wenn ich mal Hilfe brauche
● die denken, ich denke, daß ich jemand bin...

Ganz sicher werden alle diese Behauptungen nie aufgestellt werden. Aber die Große Mutter wird natürlich, wenn sie anfängt nein zu sagen, zu spüren bekommen, daß die Leute in ihrer Umgebung sich wundern. Aber sie werden sich daran gewöhnen. Sie muß nämlich zunächst dort nein sagen lernen, wo es wirklich nötig ist.

»Du sagst ja nicht aus Spaß oder aus Bequemlichkeit nein. Du mußt lernen, deine Zeit realistisch einzuschätzen, und ebenso deine Kräfte und die dir zur Verfügung stehenden Möglichkeiten«, schlossen wir sehr klug und weise.

In diesem Augenblick klingelte das Funktelefon. Die Große Mutter hob ab.

»Hallo... Tag! ... Was, das Klopapier ist alle? ... Und ich könnte schwören, ich habe erst dieser Tage welches mitgebracht.«

Sie sah unsere amüsierten Gesichter und fuhr etwas unsicher fort:

»Na ja... könnt ihr nicht inzwischen eine Küchenrolle nehmen... mhm... ich mache den kleinen Umweg und kaufe nach Arbeitsschluß noch welches... wann? ... Bin schon unterwegs! ... Tschüs.«

Die Große Mutter entschuldigte sich, lächelte verlegen und hastete durch die Tür hinaus.

Wir sahen einander an, und Barbro meinte:

»Man stelle sich vor! Die hat uns ein ganzes Kapitel geliefert. Gar nicht dumm. Gibt's noch jemanden, den wir einladen könnten? Und − mit welchem Kapitel willst du jetzt weitermachen? Ich möchte mich mit fehlenden Alternativen befassen.«

»Puh, ich sollte wohl über kluge Gewohnheiten schreiben«, sagte Nina mit einem kleinen Seufzer.

Lerne aus den Fehlern anderer!
Dein Leben ist nicht lang genug,
um sie alle selbst zu machen.

Was dagegen tun?

Die Große Mutter und du. Kalkulieren Sie immer ein, daß andere auch etwas verstehen und daß sie das, was sie noch nicht so gut können, lernen werden. Haben Sie den Mut, Ansprüche zu stellen. Keiner wird deswegen umkommen. Vielleicht wird gemeckert; Sie müssen eben freundlich und bestimmt bei Ihrer Meinung bleiben.

Ihre Befürchtung, daß Sie auch weiterhin zuviel Verantwortung übernehmen könnten, läßt sich durchaus steuern. Nehmen Sie einmal nur die wichtigeren Dinge auf sich. Es sollen immer Aufgaben sein, auf die es Ihnen besonders ankommt. Sie müssen sich mit Ihren Idealvorstellungen und Schwerpunkten decken. Siehe Übung ›Rückgrat‹ auf Seite 168 f.

Offenheit beim Arbeitsgespräch. Es ist schwierig, das richtige Gleichgewicht zwischen vernünftiger Arbeitseinteilung und der Notwendigkeit zu halten, auch ausreichend an sich selbst zu denken. Darum müssen wir in der Gruppe dann und wann durchsprechen, wo die Aufgaben des einzelnen liegen. Klarzustellen ist auch, was wir übernommen haben, ohne je beauftragt worden zu sein.

Ein gutes Forum findet sich bei Arbeitsgesprächen oder bei Treffs mit Berufskollegen. Hier bietet sich Gelegenheit, gemeinsam Grenzen abzustecken und sich zu informieren, welchen Aufgabenbereich jeder innehat und was der eine oder andere dazunehmen könnte, sofern Leistungskapazität und Interesse vorhanden sind.

In der Arbeitsgemeinschaft ist offen durchzusprechen, was jeder für seine ureigenste Aufgabe hält und was nicht.

Gibt es bestimmte Aufgaben, auf die jemand nicht verzichten will? Die jemand nicht übernehmen will? Aufgaben, die jemand unter gar keinen Umständen aufgeben will? Was können Sie dafür/dagegen tun?

Versuchen Sie selbst einmal, das abzugeben, was Sie gerade erst übernommen oder seit urdenklichen Zeiten übergehabt haben. Wenn Sie zuviel auf sich genommen haben, geben Sie es zu, und bitten Sie um Entlastung.

Haben Sie den Mut, Arbeit weiterzugeben. Wir bringen hier einige einfache Übungen, mit denen Sie gleich morgen beginnen können, um im Delegieren besser zu werden.

Überlegen Sie:

● Woraus würden Sie in Ihrem Beruf gern mehr machen?
● Woraus würden Sie in Ihrer Freizeit gern mehr machen?
● Welche Aufgaben können Sie an andere weitergeben?
● An wen können Sie sie weitergeben?

Geben Sie binnen zwei Wochen zwei Arbeitsaufträge weiter. Setzen Sie das so lange fort, bis Ihnen die Arbeitsmenge auf Ihrem Schreibtisch angemessen erscheint.

Welche Arbeiten im Haushalt möchten Sie Ihrer besseren Hälfte/den Kindern überlassen?

● Machen Sie eine Aufstellung – behalten Sie sie aber für sich.
● Teilen Sie jedem pro Woche eine neue Aufgabe zu. Wenn Sie lange die Große Mutter gewesen sind, wird sich jeder langsam daran gewöhnen müssen.
● Sie können Ihre Aufstellung aber auch sofort herzeigen und mit der Faust auf den Tisch hauen. Sagen Sie Ihren Lieben, daß Sie genug haben und total geschafft sind, und daß Sie ganz einfach im Haushalt Hilfe brauchen.

Konsequenzen. Haben Sie den Mut, die Kinder – und auch andere Leute – die Konsequenzen aus ihrem Verhalten tragen zu lassen. Wenn die Kinder ihr ganzes Taschengeld vernascht haben, bekommen sie eben kein Kinogeld extra. Sie erweisen ihnen einen Bärendienst, wenn Sie dauernd Entschuldigungsgründe finden und alle verwöhnen.

142

Später müssen sie ja auf jeden Fall mit ihren Einkünften auskommen; warum also erst vortäuschen, Geld sei in unbegrenzten Mengen vorhanden.

Probieren Sie am Arbeitsplatz einmal, ›wichtige‹ Aufgaben, die niemand übernehmen will, liegenzulassen. Warten Sie, was passiert. Vermutlich geht die Welt nicht unter. Wenn Sie das Risiko nicht eingehen, werden Sie es nie erfahren...

Bedenken Sie, daß Sie es tun, weil andere sich zu selbständigen Menschen entwickeln sollen oder weil es um Ihre eigene Gesundheit geht. Sie tun es nicht, weil Sie ein rachsüchtiges Ekel sind.

Abschlußtag. Um Ihr schlechtes Gewissen zu beschwichtigen, können Sie regelmäßig ganze oder halbe Tage einplanen, an denen Sie viele halb erledigte Dinge aufarbeiten. Zum einen sehen Sie, daß sich manches bis dahin von selbst erledigt hat. Zum andern erleichtert es Ihr bisher schlechtes Gewissen, denn jetzt unternehmen Sie ja etwas.

Daheim ein ruhiges Gewissen. Nehmen Sie so selten wie möglich Arbeit mit nach Hause. Sie liegt nur irgendwo herum und belastet das Gewissen.

Arbeiten Sie, wie Barbro, in Ihrer Wohnung, können Sie sich Freiräume schaffen, um Ihr Gewissen zu beruhigen. Sie hat sich generell verboten, Arbeit im Schlafzimmer zu stapeln. Die Idee kam ihr durch ein befreundetes Ehepaar, das übereingekommen war, das Schlafzimmer von Meinungsverschiedenheiten freizuhalten. Sie verließen den Raum, wenn es einmal brenzlig wurde. Sie waren beide der Meinung, das Schlafzimmer könne nur ein Ort des Friedens, der Ruhe und der Liebe sein.

Geben Sie den Ball zurück. Wenn Sie zu den Leuten gehören, denen ununterbrochen neue Aufgaben zugeschanzt werden — geben Sie den Ball zurück (an den, der ihn Ihnen zugeworfen hat oder einfach an den Nächststehenden) — und Ihnen wird leichter sein.

Gehen Sie zum Chef und zeigen Sie ihm, was Sie alles zu tun haben; sagen Sie ihm, wieviel (wie wenig) Zeit Ihnen zur Verfügung steht. Er wird einsehen müssen, daß sich manches nicht vereinbaren läßt. Kommen die Aufträge von höherer Stelle, können Sie im Arbeitsteam oder mit dem Chef besprechen, was Vorrang hat.

Solidarität in der Arbeitsgruppe. Wenn Sie wissen, daß Sie sich zuviel zumuten, oder wenn Sie einem aus Ihrer Arbeitsgruppe helfen wollen, der überlastet ist, müssen die Aufgaben gerechter verteilt werden. Sorgen Sie dafür, daß jeder sowohl Interessantes als auch weniger Interessantes zu erledigen hat.

Rufen Sie die Kollegen entweder selbst zusammen oder sorgen Sie dafür, daß der Chef es tut. Geben Sie allen, wenn Ihr Schreibtisch überladen ist, zu verstehen, daß es um ein gemeinsames Problem geht und nicht etwa um Ihre persönlichen Angelegenheiten.

Schreiben Sie alle Tätigkeiten auf, die erledigt werden sollen/müssen/können. Möglichst auf große Bögen Papier.

Machen Sie bei allen Kollegen die Runde, und lassen Sie jeden eine Aufgabe freiwillig wählen, denn jeder tut etwas anderes lieber. Machen Sie so lange weiter, bis es anfängt schwierig zu werden und keiner mehr freiwillig etwas übernehmen will. Achten Sie auf eine gerechte Verteilung und darauf, daß keine Große Mutter alle besonders unbeliebten Aufgaben übernimmt.

Vermutlich sind ein paar langweilige und undankbare Aufgaben übriggeblieben, die keiner haben will. Das ist ganz normal, und es kommt überall vor. Legen Sie eine zusätzliche Kaffeepause ein, sorgen Sie für lockere Stimmung, und bereiten Sie sich auf die Verteilung der Restposten vor.

Es gibt verschiedene Möglichkeiten, Arbeit zu verteilen, die aus irgendeinem Grund langweilig ist:

- Sie machen wieder die Runde, und jeder übernimmt eine weniger reizvolle Aufgabe. Das geht so lange weiter, bis alles an den Mann/die Frau gebracht worden ist. Überprüfen Sie noch einmal, ob es möglichst gerecht zugegangen ist.
- Schreiben Sie alle weniger reizvollen Aufgaben auf Zettel, und lassen Sie jeden ziehen.
- Entwickeln Sie einen Turnusplan für die unbeliebten Arbeiten; auch so werden sie gerecht verteilt.
- Sollte sich trotz allem herausstellen, daß der eine oder andere seine ungeliebten Arbeiten nicht erledigt, muß die Gruppe sich für alle, die kneifen, ein launiges Strafverfahren ausdenken: Aufhängen eines wenig schmeichelhaften Fotos in der Kaffeeküche; eine Runde Kuchen spendieren; ein Solo singen. Hier müssen Sie einmal mehr dafür sorgen, daß nicht die Große Mutter einspringt.

Affirmationen

Ich... vertraue auf andere und deren Fähigkeiten.
Ich... delegiere mit Freuden.
Ich... bekomme jede Unterstützung, die ich brauche.

8

Alternativen sind schwer zu finden

Schon am Tag unserer Geburt begannen wir uns ein Bild von der Welt zu machen. Und wir arbeiten laufend daran; wir verändern es, fügen hinzu und streichen ab — ganz wie es uns das Leben lehrt. Als Kinder haben wir das für unser Weltbild Notwendige erlernt. So lernten wir ein Schuhband knüpfen und Buchstaben so schreiben, daß andere sie lesen konnten. Und eine Menge Regeln gab es, wie man sich unter Menschen benimmt. Als wir das geschafft hatten, fühlten wir uns stolz und sicher.

Aber das Leben hat uns auch gelehrt, was wir nicht tun dürfen. Viele Male bekamen wir schmerzlich zu fühlen, was passiert, wenn wir gegen diese Regeln verstoßen. Wir bekamen Schläge, wurden ausgescholten und ausgelacht. Wir begannen, innere Zäune und Mauern zu errichten, die mit der Zeit unser Weltbild eingrenzten. Die Grenzen durften wir nicht überschreiten. Sie hießen ›darf nicht, kann nicht, unmöglich, muß, sollte und unbedingt‹.

Mit der Zeit haben wir jedoch vergessen, *wie* wir die richtigen Verhaltensweisen erlernt haben. Denn das Leben überfiel uns mit immer neuen Herausforderungen. Ihnen konnten wir uns nicht entziehen. Der Autopilot mußte übernehmen.

Das Leben ist voller Überraschungen, wenn wir den Autopiloten einschalten. Ein klassisches Beispiel dafür sind unsere Empfindungen, wenn wir Auto fahren lernen. Zunächst führen wir jede Bewegung bewußt aus, und es gehört Anstrengung dazu, alles zu koordinieren, damit dieses Auto überhaupt zu rollen anfängt. Mit der Zeit übernimmt alle Vorgänge der Autopilot. Er wird nur abgeschaltet, wenn eine ungewöhnliche Situation eintritt oder etwas Wichtiges unsere Aufmerksamkeit beansprucht.

Genauso ist es mit unserem einmal eingelernten Verhalten: unserem typischen Gang, der Mundart, die wir sprechen, besonderen Fähigkeiten, unserer persönlichen Art, Arbeitsaufgaben zu lösen usw.

Es ist nichts Negatives, auf den Autopiloten umzuschalten, im Gegenteil. Diese Maßnahme ist notwendig, um Kapazität freizumachen. Wir würden morgens nicht aus dem Bett finden, wenn wir wegen jeder Kleinigkeit bewußt Entschlüsse fassen müßten: »Soll ich beide Augen gleichzeitig aufmachen? Oder eins nach dem andern? Und welches soll ich nun zuerst aufmachen? Den rechten oder den linken Fuß auf den Boden setzen? Soll ich die Knie oder den Rücken beugen, wenn ich die Morgenzeitung aufhebe? Und soll ich es mit der rechten oder mit der linken Hand tun?«

Negatives entsteht, wenn wir den Autopiloten ununterbrochen eingeschaltet lassen, gar nicht merken, daß er an ist, oder wenn wir ihn im falschen Moment einschalten...

Wenn wir uns vor Weiterentwicklung fürchten, versuchen wir die Auswahlmöglichkeiten in unserem Leben einzuschränken. Wir halten uns innerhalb der Grenzen. »Ich muß das so machen. Anders darf ich es nicht machen.«

Wir bilden uns ein, daß wir uns sicherer bewegen. Aber das stimmt nicht. Wir stehen still und haben Schwierigkeiten, die Wirklichkeit so zu sehen, wie sie ist. Die unterdrückten Alternativen und Möglichkeiten werden zu toten Flecken auf unserer Seele, und die sind alles andere als zuträglich!

Die Grenzen für das Mögliche und das Unmögliche können ganz verschieden gezogen sein. Wir bewegen uns in einer inneren Landschaft, die so klein wie Andorra sein kann oder so groß wie Brasilien. Die Grenzen können unsere Landschaft auch zu einem Schrebergarten machen oder zu einer unendlichen Savanne, die nicht am Horizont der Möglichkeiten endet.

Der erschöpfte Mensch, der drauf und dran ist, auszubrennen, sperrt natürlich ringsherum alles ab. Der Schrebergartenbesitzer kann nicht einmal mehr die Arme heben, um dem Nachbarn über den Zaun hinweg zuzuwinken. Aber er hat aus Angst, in der größeren Landschaft verlorenzugehen oder der Vasall eines andern zu werden, noch Kraft genug, das Tor zu schließen.

Wer im Begriff ist, auszubrennen, ist nicht mehr imstande, den Blick zu heben und den herrlich blauen Himmel zu sehen. Es hat kaum Sinn, ihn zum Öffnen und Ausweiten seiner Grenzen aufzufordern. Da ist es schon besser, er dehnt sie aus eigenem Antrieb nur ganz allmählich aus.

Erst muß er zur Ruhe kommen; dann ist Platz für Neues; dann kann das Tor zur Welt da draußen aufgestoßen werden.

> Egal wo ich im Leben bin –
> seh ich nur auf mein Gärtchen hin.
>
> *Volksmund*

Manch einer verbarrikadiert seine Landschaft und sieht dann verzweifelt, daß das Öffnen unmöglich geworden ist. Die Tore sind verrostet und die Zäune zu hoch. Wer keine Alternativen sieht, hat eigentlich die persönliche Hoffnung aufgegeben, daß die Dinge sich bessern können. Wird uns die Hoffnung wiedergegeben, sehen wir bald viele Möglichkeiten, die Tore zu öffnen.

Natürlich gibt es auch Menschen, die stolz darauf sind, unveränderbar zu sein. Sie meinen die WAHRHEIT zu kennen und folgern daraus, daß so gut wie alle anderen Menschen im Irrtum sind. (Am liebsten wäre ihnen, auf jede Form von Entwicklung und Veränderung zu verzichten. Sie glauben, ihr inneres Land werde vernichtet, wenn sie auch nur probierten, den Zaun in allernächster Nähe niederzureißen.)

Sobald wir auf dem besten Weg sind, uns auszupumpen, sperren wir zu, haben keine Kraft, mehr als unbedingt nötig einzulassen. Der Autopilot ist den ganzen Tag eingeschaltet. Und wir schuften im Schweiße unseres Angesichts drauflos, ohne zu überlegen, ob die gewählte Metho-

148

de auch die beste ist. Für uns ist sie im Moment die einzig richtige. Wir behandeln unsere Klienten/Kunden alle gleich. Als wären sie alle ein und dieselbe Person.

Wir werden immer müder, unsere Seele ist verkrampft, und wir finden kein Ende. Jeder Gedanke an irgendwelche Alternativen wird unmöglich. Dabei könnten wir durch ein wenig Nachdenken wesentlich einfachere Vorgehensweisen finden.

Es ist, als würden wir immer wieder mit dem Kopf gegen die Wand rennen – wir sind entschlossen, durchzukommen. Hielten wir einen Augenblick inne, könnten wir die Tür entdecken, die drei Schritte weiter links liegt. Wir brauchten nur hinzugehen, die Klinke herunterzudrücken und gemächlich hinauszuspazieren.

Leben bedeutet Veränderung. Es fließt in unendlich vielen Kombinationen dahin. Wer versucht, das Leben unverändert zu belassen, wird es verlieren. Was zunächst als Sicherheit empfunden wurde, wird nun zu einem Gefühl der Leere.

Wir können nicht alles unter Kontrolle halten. Der Mensch möchte zwar am liebsten alles, was ihm in den Weg kommt, unter Kontrolle haben – denn er fürchtet das Chaos, wer aber das Chaos fürchtet, ist nicht mehr gegen Entwicklungen, Veränderungen und Krisen gewappnet.

Krisen und Veränderungen gefährden den Menschen nicht. Sie haben mit dem wahren Sinn des Lebens zu tun: mit der Notwendigkeit, sich höher hinauf zu entwickeln.

Es gibt nur scheinbar ein gewisses Sicherheitsgefühl, wenn man jahrein, jahraus auf derselben Stufe stehenbleibt. Aber es ist ziemlich sinnlos, auf halbem Weg hocken zu bleiben, wenn wir höher hinauf wollen. Wo es um unsere eigene Entwicklung geht, gibt es nämlich keinen Weg zurück.

Wer seine Ansicht nie ändert,
ist kein normaler Mensch.

Volksmund

Die 50 üblichsten Argumente gegen Veränderungen

Obwohl wir nur schwer Alternativen finden, fällt es uns relativ leicht, Argumente gegen Veränderungen verschiedener Art zu finden. Es ist so etwas wie ein Versuch, zu ein wenig Ruhe zu kommen und den so belastenden Alltag zu bewältigen.

1. Das haben wir schon ausprobiert.
2. Das kommt zu teuer.
3. Wir haben mehr als genug zu tun. Das schaffen wir nicht auch noch.
4. Das ist nicht unsere Aufgabe.
5. Dazu ist unsere Einrichtung zu veraltet.
6. Könnten wir nicht erst eine Marktanalyse machen?
7. Das geht weit über unsere Arbeitsmöglichkeiten hinaus.
8. Die Gewerkschaft wird sich dagegenstellen.
9. Wir haben das noch nie gemacht.
10. Das widerspricht unseren Grundsätzen.
11. Das steigert nur die Kosten.
12. Das ist ein reines Schreibtischprodukt.
13. Kommen wir doch zur Wirklichkeit zurück.
14. Die Idee gefällt mir nicht.
15. Ihr seid eurer Zeit zwei Jahre voraus.
16. Wir haben kein Geld/Einrichtungen/Räume/Personal...
17. Man kann alten Hunden das Sitzen nicht beibringen.
18. Der Gedanke ist gut, aber unpraktisch.
19. Denken wir noch ein bißchen darüber nach.
20. Halten wir es mal schriftlich fest.
21. Wir machen uns ja lächerlich!
22. Komm bloß nicht schon wieder damit!
23. Wo habt ihr das denn her?
24. Wir sind bisher auch ohne das zurechtgekommen.
25. Von euch ist ja nichts Besseres zu erwarten.

26. Das ist bisher noch nie versucht worden.
27. Legen wir's mal auf Eis.
28. Bilden wir einen Ausschuß.
29. Das wird bei uns nie funktionieren.
30. Eigentlich wollt ihr damit nur sagen...
31. Das klappt vielleicht in eurer Abteilung, aber doch nie bei uns.
32. Darauf wird der Chef nie eingehen.
33. Überschlafen wir die Sache.
34. Das geht nicht!
35. Das lohnt sich nicht.
36. Das ist unmöglich.
37. Jemand hat das ausprobiert, aber funktioniert hat es überhaupt nicht.
38. Das ändert doch kaum etwas.
39. Muß man denn jeden Trend mitmachen?
40. Das bedeutet mehr Arbeit.
41. Wozu soll das gut sein?
42. Du hast leicht Vorschläge machen.
43. Und wo soll ich dann sitzen?
44. Ja, ja...
45. Hab keine Lust.
46. Trau mich nicht.
47. NEIN!
48. Dafür sind wir nicht ausgebildet.
49. Hör mal! Wenn du erst so alt bist wie ich, wirst du schon kapieren...
50. Du kannst das nicht verstehen, denn du hast keine Kinder/bist nicht krank/wohnst gleich nebenan.

Zusammengestellt von Sören Jacobsson, Barbro Bronsberg und Kursteilnehmern.

Eine weitere Variante ist bei Leuten, die nicht so leicht etwas anders machen, das ›Als-ob-Verhalten‹. Hier treten die inneren Grenzen nicht so offen in Erscheinung. Wir ahnen sie nur, weil die erwarteten Ergebnisse ausbleiben.

Margareta, 60 Jahre alt und Lehrerin, hatte im Unterricht lange einen Kampf mit sich selbst ausgefochten. Sie hatte das Gefühl, den Anforderungen nicht zu entsprechen. Irgend etwas stimmte nicht. Eines Tages aber ging ihr ein Licht auf. Wie erstarrt stellte sie fest: »Ich unterrichte Kinder, die es überhaupt nicht gibt!«

Sie hatte all die Jahre unterrichtet, *als ob* die Kinder immer noch genauso wären wie zu jener Zeit, als sie ihr Examen ablegte. Sie hatte nicht begriffen, wie sehr sich die Lebensumstände heutiger Kinder von jenen vor 40 Jahren unterschieden. Das wurde ihr erst bewußt, als sie selbst Enkelkinder hatte. Sie war stark genug, sich ihr Fehlverhalten einzugestehen. Aber nicht wenige Menschen leben in ihrer kleinen Welt auf vielen Gebieten ›als ob‹ ...

Barbro entdeckte nach fünf Jahren als freischaffende Erwachsenenbildnerin, daß sie immer noch lebte, *als ob* sie beamtete Sozialarbeiterin wäre. Sie meinte, sie müsse die täglichen Amtsstunden von 8 Uhr 30 bis 17 Uhr einhalten. Die freiberufliche Tätigkeit hängte sie gewissermaßen an, d. h. sie arbeitete und reiste meistens abends und an Wochenenden. (Absolut unabhängige Arbeitszeiten sind bei selbständiger Arbeit bekanntlich fast immer notwendig.) Nach einer langen Eisenbahnfahrt durch das halbe Land morgens einmal richtig auszuschlafen − einfach unvorstellbar! Das schlechte Gewissen nahm überhand, und sie hielt sich für faul. Wochentage waren gleichzusetzen mit Arbeitstagen.

Wenn Sie hin und wieder doch etwas länger schlief, konnte das Telefon sie wecken, und am anderen Ende seufzte möglicherweise jemand mit geregelten Amtsstunden neiderfüllt: »Ihr Freiberufler seid zu beneiden! Frühstück um zehn − nicht schlecht!«

Das erleichterte ihr Gewissen auch nicht gerade.

Und was tut man dagegen?

Mißtrauisch werden. Auch Mißtrauen kann man lernen. Werden Sie stutzig, wenn Sie sich selbst oder andere die

Worte sagen hören, die auf Grenzen im eigenen Weltbild hindeuten:

● unmöglich, ich kann/darf nicht...
● unbedingt notwendig, ich muß/sollte...

Fragen Sie sich, ob es nicht auch anders ginge! Woran liegt es, daß dies oder jenes unmöglich ist? Was hemmt Sie? Warum sagen Sie, daß etwas nicht geht? Was passiert, wenn Sie es doch sagen? Wenn Sie das tun, was Sie tun sollten oder tun müssen? Was zwingt Sie?

Beschaffen Sie sich ein Leihauge. Olav nahm sich einen Berater, der ihn einen ganzen Tag lang von morgens bis abends bei der Arbeit beobachten sollte.

Vor allem hatte dieser Mann darauf zu achten, wie Olav seine Arbeit anpackte und wie er im Berufsleben auftrat. Der abschließende Bericht war zwar schmerzlich, aber auch unerhört nützlich.

Bitten Sie einen guten Freund/Ihren Partner, Sie einen Tag lang bei der Arbeit zu begleiten und einfach nur zu beobachten, was Sie tun. Dieses ›Leihauge‹ soll dann eventuell Änderungsvorschläge machen. Ganz bestimmt entdeckt es eine Reihe von Alternativen.

Bitten Sie es, in wenigen Zeilen festzuhalten, was Sie nicht vergessen dürfen. Bitten Sie es, genauer zu erklären, welchen Eindruck Sie in Ihrem Beruf auf es machen. Nehmen Sie Rat und Kritik dankbar an! Es ist so leicht, sich mit 1001 Argumenten zu rechtfertigen, denn es kann sehr weh tun, wenn jemand unsere Arbeitsmethoden bis in die letzten Kleinigkeiten aufs Korn nimmt. Aber es ist − wie gesagt − von Nutzen.

Fremde Schuhe. Barbro nahm an einem Anfängerkurs für Lyrik teil. Dort lernte sie von einem Lehrer, der selbst Dichter war, etwas sehr Brauchbares:

»Lassen Sie sich ruhig von anderen beeinflussen! Jeder Mensch unterliegt doch allen möglichen Einflüssen, ohne dabei etwas von seiner Eigenart zu verlieren. Ich habe die Dichter intensiv und systematisch studiert. Ich las alles, was ich nur auftreiben konnte, und schlüpfte dann sozusagen in die Schuhe des Betreffenden, d. h. ich schrieb eine Weile selbst Gedichte im Stil dieses Dichters. Danach ging ich zum nächsten Lyriker über. So erkannte ich, wie meine Kollegen mit Worten umgehen, und konnte dadurch selbst bessere Gedichte schreiben. Ich hatte meine eigenen Grenzen überschritten.«

Lassen Sie sich fünf Leute durch den Kopf gehen, die Sie kennen, und schreiben Sie ihre Namen auf. Wählen Sie ruhig Menschen, die so ganz anders sind als Sie. Führen Sie sich Ihre eigene Arbeitssituation vor Augen. Versuchen Sie sich vorzustellen, wie diese anderen Menschen denken und handeln. Wie würden die Personen 1 – 5 sich in Ihrer Arbeitssituation verhalten? Es ist schön, mit Situationen zu spielen und zu experimentieren. Das ist immer erlaubt und absolut kein Zeichen von Unselbständigkeit. Es ist nur vielleicht eine neue, amüsantere Art, seine Grenzen auszuweiten.

Berufliche Grenzen. Wenn Sie den Eindruck haben, in Ihrer Arbeitsgruppe/Arbeitsbereich hat sich etwas festgefahren, dann schauen Sie sich einmal alles ein bißchen näher an. Was ist erlaubt und was nicht? Was wird als ein Muß angesehen und was nicht? Das ist vielleicht schwer zu durchschauen, weil Sie ja ein Teil der Gruppe und ihrer inneren ›Kultur‹ sind. Lassen Sie sich ruhig Zeit.

Wenn Sie gewisse ›Grenzen‹ zu erkennen glauben, probieren Sie praktisch aus, wo sie verlaufen. Damit niemand so schnell dahinterkommt, können Sie es scherzhaft versuchen oder die andern einfach überrumpeln. Sie können aber auch eiskalt vorgehen und stumme Übereinkünfte, Schema-F-Lösungen und anderes über den Haufen werfen. (Wieviel ließe sich denn überhaupt machen, wenn niemand das Unmögliche versuchte?!)

Beispiele:

- Barbro ließ obligatorische Sitzungen sausen, wenn sie mitten in der Arbeit steckte.
- Nina sorgte dafür, daß sie ans Telefon gerufen wurde, wenn Sitzungen sich zu lange hinzogen. (Sie bat ganz einfach eine Kollegin, hereinzukommen und zu behaupten, es wolle sie jemand dringend sprechen.)

Lernen Sie Ihre Grenzen zu manipulieren und in verschiedenste Richtungen auszudehnen. Das können Sie tun, indem Sie Vorschläge auf eine ganz bestimmte Art einbringen, in einem unkonventionellen Stil schreiben usw.

Suchen Sie sich einen anderen Posten! Wenn die Grenzen zu eng gezogen und die Alternativen gleich Null sind, bleibt Ihnen nicht viel anderes übrig. Mehr darüber ist im Kapitel ›Wir haben im Leben nicht den richtigen Platz gefunden‹ (S. 171 ff.) zu lesen.

Geben Sie den Ideen eine Chance. Führen Sie die Fünfminutenregel ein. Ein Betrieb hatte Probleme, weil jeder Vorschlag, kaum war er ausgesprochen, in Sekundenschnelle abgetötet wurde. Die guten Ideen landeten massenweise im Papierkorb. Da mußte etwas geschehen!

Jemand schlug die Einführung einer Fünfminutenregel vor: *Niemand* durfte, nachdem der Vorschlag eingebracht worden war, in den ersten fünf Minuten etwas Negatives darüber sagen. Es durften nur Möglichkeiten geäußert oder eben geschwiegen werden. Das hat viele gute Ideen gerettet.

Die Stimme seines Herrn. Sobald das Telefon klingelt, gehorcht der Mensch. Kriiiii! Kriiiiii! Es schneidet uns wie ein Hilferuf in die Seele, und wir lassen augenblicklich fallen, was wir in der Hand haben.

Die meisten Menschen lassen jede Störung durch das Telefon zu. Sie verlieren die Konzentration. Unterbrechen alles. Rennen Kollegen um, machen einen Liebesakt zuschanden, lassen Badewasser und Essen kalt werden. (Bei Direktruf ist das noch schlimmer, denn was könnte es Wichtigeres geben!?)

Selbstverständlich müssen wir für andere erreichbar sein. Aber trotzdem haben wir selbst zu bestimmen, wann und wie lange. (Ausgenommen sind Telefonsprechstunden und arbeitsnotwendige Gespräche.)

- Schalten Sie das Telefon ab, wenn Sie in einer wichtigen Besprechung sind – oder lassen Sie es klingeln. (Was allerdings sehr schwierig sein kann.)
- Sagen Sie Bescheid, wenn Sie beschäftigt sind, und vereinbaren Sie einen Rückruf.
- Schalten Sie den Telefonbeantworter ein.
- Ziehen Sie den Stecker heraus.

Wenn Sie meinen, Ihre Oma könnte Sie genau zu dem Zeitpunkt brauchen, wo Sie ungestört arbeiten wollen, dann schaffen Sie sich einen Piepser an und tragen ihn immer bei sich. Ihr könnte ja schlecht werden, wenn Sie gerade auf der Toilette sitzen, ins Kino gehen, Bus fahren oder Pilze suchen. Seien Sie immer erreichbar! Sprechfunkgeräte (Walkie-talkies) sind heutzutage auch schon erschwinglich, haben wir uns sagen lassen. Sie könnten Ihre Oma natürlich auch mit an den Arbeitsplatz nehmen oder den Beruf aufgeben und bei ihr zu Hause bleiben.

Viele Menschen sind während der Arbeitszeit telefonisch überhaupt nicht erreichbar. Denken Sie einmal darüber nach, ob es nicht eine Menge ganz vernünftiger Veränderungen geben könnte, die Ihnen das Leben erleichtern.

Mehrere Ziele zur Wahl. Lernen Sie auch verschiedene Möglichkeiten erkennen, durch die Sie Ihr Ziel/Ihre Ziele erreichen können. Sie erschrecken dann nicht, wenn etwas anders ausgeht als geplant. Die Chance, eines der Ziele zu erreichen, ist größer.

Ziele, die ich erreichen will:

- am liebsten möchte ich, daß...
- wenn das nicht geht, könnte ich mir denken, daß...
- oder möglicherweise...

Sie könnten dann – je nachdem, was passiert – immer auf mehrere mögliche Vorgangsweisen zurückgreifen.

Klein, aber fein. Ein ganz anderer Vorschlag, der zudem Spaß macht, ist die Lektüre von Jean Houstons Buch ›Der mögliche Mensch‹. Darin stehen eine Menge Übungen, die einem Mut machen, sich und das Leben aus anderen Gesichtswinkeln zu sehen.

Auch die hier folgenden Übungen können Spaß machen, wenn wir anerkennen, daß es im Leben verschiedene Alternativen geben muß und daß wir nur so die Grenzen unserer inneren Landschaft erweitern können. Die Vorschläge wirken vielleicht auf den ersten Blick ein wenig komisch, aber Sie werden sehen: sie helfen. (Und was ist denn Schlimmes daran, wenn man sich ab und zu mal ein bißchen komisch vorkommt...) Also:

- Setzen Sie sich beim Essen oder Kaffeetrinken mal auf einen anderen Platz. Oder setzen Sie sich nicht aus alter Gewohnheit immer auf denselben Stuhl? Trotten Sie nicht wie eine Kuh einfach in die angestammte Box.
- Schlafen Sie mal eine Woche bei einem/einer guten Freund/in und passen Sie sich seinen/ihren Alltagsgewohnheiten an. Besuchen Sie sich gegenseitig am Arbeitsplatz.
- Lernen Sie Bücher anders lesen. Man muß nicht unbedingt auf der ersten Seite anfangen und sich bis zur letzten durchackern. Man kann ebensogut querlesen oder herumschmökern, in der Mitte anfangen oder den Schluß heimlich vorausnehmen.
- Trauen Sie sich, auf dem Kollegblock über den Rand zu schreiben. In der Schule haben wir gelernt, daß das verboten ist.

- Zeichnen und schreiben Sie mal mit der linken Hand (wenn Sie Rechtshänder sind; sonst eben umgekehrt). Das zwingt Sie zu absoluter Konzentration auf das, was Sie tun, und Sie können so neue Alternativen entdekken.
- Verstoßen Sie ab und zu bewußt gegen Regeln.

Affirmationen

Ich... lasse meine Begrenzungen fahren.
Ich... finde neue Möglichkeiten und probiere sie aus.
Ich... habe Mut zu Fehlern.

9

Wir verzichten auf Wertmaßstäbe

Die meisten Menschen verbinden mit ihrem Beruf bestimmte Absichten. Wir wollen nicht nur finanziellen Lohn für unsere Mühe; auch die Seele fordert ihren Anteil. Wir möchten Hoffnungen und Ideale verwirklichen. In manchen Berufen kommt die Rolle der Ideale und Werte deutlicher zum Ausdruck als in anderen.

Nicht nur Menschen, die in Politik, Kirche oder Umweltschutz tätig sind, haben Wertmaßstäbe. Wir alle haben uns von Geburt an mühselig ein Bild von der Wirklichkeit aufgebaut. Unser Weltbild sagt uns, was richtig und was falsch, was gut oder böse ist, wie Kinder zu erziehen sind, Staaten regiert werden müssen, und welchen Sinn das Leben hat.

Unser Weltbild enthält aber auch unwesentliche Dinge wie etwa Lieblingsspeisen, Lieblingsfarbe, Lieblingsmusik oder unseren Filmgeschmack.

Nicht alle Werte sind gleich wichtig, nicht alle haben auch im Beruf Platz; vieles können wir in der Freizeit verwirklichen. Manche Werte aber sind so wesentlich, daß wir uns einfach nicht wohlfühlen, wenn wir auf sie verzichten müssen. Wir sind unzufrieden, verlieren die Arbeitsfreude und versuchen, trotzdem alles durchzustehen, d. h. wir trachten zu überleben statt zu leben. Das kann Schüler betreffen, die eine bestimmte Vorstellung von Schule haben, oder es geht um Fragen wie den Umgang mit Patienten im Krankenhaus oder auch darum, wie Umweltpolitik auszusehen hat. Wir fühlen genau, daß da etwas nicht stimmt, aber wir verharmlosen: »Außer mir stört das keinen Menschen. Da stimmt vielleicht bei mir was nicht . . .«

Das aber sind die Augenblicke, in denen unsere innere Stimme sich meldet. *Ihr* müssen wir folgen und nicht dem, was andere als ›normal‹ ansehen. Und weshalb? Es ist um der Selbstachtung und um der Menschenwürde willen. Wer dauernd den Nacken beugt und dem Wichtigsten in seinem Inneren Gewalt antut, der wird sich mit der Zeit selbst verachten.

Wenn es etwas gibt, womit wir Menschen behutsam umgehen müssen, dann sind es unsere Ideale und Wertvorstellungen. Sie allein geben uns Rückgrat und Profil. Es kann gefährlich sein, so zu tun, als gäbe es keine Werte oder als bedeuteten sie nichts. Dann nämlich wird jedwedes Verhalten erlaubt sein. Dann wird es nichts mehr geben, dem wir glauben Einhalt gebieten zu müssen – sei es nun dem Mangel am nötigen Respekt vor dem Gesetz, vor anderen Rassen, älteren Menschen oder was immer.

Wir brächten damit jedes Verständnis für andere Menschen um. Wir würden handlungsunfähig werden. Denn Wertvorstellungen sind Wegweiser zum Tun.

Bereit, für eine Idee zu sterben

Die Geschichte der Menschheit ist voll von Beispielen dafür, daß Menschen, Gruppen und Nationen sich für ihre Werte eingesetzt haben. Und es waren nicht immer nur bedeutende Menschen.

Wenn wir gegen unsere Wertvorstellungen verstoßen, vergehen wir uns an etwas Heiligem in uns selbst. Das klingt heutzutage vielleicht ein wenig altmodisch, denn es wird nicht mehr allzuviel als heilig angesehen. Wir glauben jedoch, daß jeder Mensch sich auch selbst für so etwas wie heilig halten soll – indem er sich selbst respektiert.

Jeder Mensch ist etwas Einmaliges. Er ist bereit, Sicherheit, Besitz und Leben für das, woran er fest glaubt, aufs Spiel zu setzen. Irgendwo in unserem Innern wissen wir, daß Ideen wichtiger sind als unser kurzes Leben; daß Werte zwar etwas Unsichtbares sind, daß sie aber über uns hinaus weiterleben. Wir sind ihnen zugetan wie kleinen

Kindern und geben sie an die nächste Generation weiter. Werte sind die Kinder der ganzen Menschheit.

Natürlich gibt es auch erbärmliche, eher egoistische Werte, aber von ihnen ist hier nicht die Rede. Menschen mit egoistischen Wertmaßstäben brennen nicht aus! Ein solcher Mensch gerät in Zorn und versucht sich anderweitig zu bedienen.

Nein, der Gefahr des Ausbrennens setzt sich eher derjenige aus, dessen Wertmaßstäbe eine Besserstellung für viele Menschen beinhalten. Er versucht weit eher, Gutes für viele Menschen zu erreichen, als eigene Vorteile herauszuschlagen.

In der Demokratie wird niemand wegen seiner Meinung eingesperrt. Dennoch sind wir alle sehr darauf bedacht, nur ja nirgends anzuecken oder uns in unserem Denken und Handeln außerhalb der Norm zu bewegen. Wir sind meistens viel zu abhängig von der Meinung anderer; es fehlt uns an dem, was man Zivilcourage nennt.

Wir halten uns für unwichtig; glauben nicht, daß wir durch unser Tun etwas beeinflussen können. Und wir haben Angst vor Unannehmlichkeiten.

Sehr viele Menschen lassen Zivilcourage vermissen. Wir schlucken unseren Ärger und schließen die Augen, obwohl wir Fehler und Ungerechtigkeiten erkennen. Wir weigern uns zu glauben, daß gewisse Dinge tatsächlich so sind wie sie nun einmal sind – wir müßten sonst Stellung beziehen und vielleicht sogar eingreifen.

Für seine eigenen Werte einzustehen, kann mühsam sein. Es kann zu hitzigen Diskussionen führen. Nicht alle unsere Mitmenschen sind tolerant genug, zwischen uns als Mensch und unseren Ansichten einen Unterschied zu machen. Solche Personen verabscheuen uns geradezu. Wir werden in Grund und Boden verdammt. Und was ist die Alternative? Daß wir herumlaufen und uns selbst verachten? Magenschmerzen bekommen? Uns nicht wohlfühlen und wider unsere bessere Überzeugung Dinge tun, an die wir nicht glauben.

Es allen recht zu machen, geht über unsere Kräfte. In einem Kurs von Mike Pegg hörte Barbro die folgenden äußerst klugen Worte:

»Sie müssen immer damit rechnen, daß Sie es nicht jedem recht machen können. Ein Verhältnis von 80:20 ist durchaus realistisch. Etwa 80% Ihrer Mitmenschen wird gefallen, was Sie tun und sagen. Zu dieser Anzahl gehören auch die eher neutralen, die Sie vielleicht mit der Zeit auf Ihre Seite bringen können. Und dann gibt es die etwa 20%, denen nicht gefällt, was Sie tun oder sagen. So ist das Leben! Gewöhnen Sie sich rechtzeitig daran, und leben Sie nicht in der unrealistischen Vorstellung, daß jedermann Sie lieben muß! Ich selbst bin absolut unzufrieden, wenn ich in meinen Kursen nicht wenigstens zwei Leute habe, die anderer Meinung sind als ich. Sonst bin ich nämlich zu allgemein und landläufig gewesen.«

Nehmen Sie sich selbst ernst

Leute, die beruflich für andere Menschen da sind, stehen oft vor schwerwiegenden moralischen Problemen und heiklen Wertkonflikten. Es kann dabei um Abtreibung, Sterbehilfe, das Sorgerecht für Kinder oder um Gewaltanwendung gehen. Hier muß konkret Stellung bezogen werden. Man kann sich nicht passiv verhalten und darauf hoffen, daß die Dinge von selbst in Ordnung kommen. Menschen in diesen Berufen denken weit mehr über Ideale und Wertvorstellungen nach als der Durchschnittsbürger und nehmen Stellung dazu. Ohne ›Rückgrat‹ wüßten sie in vielen alltäglichen Situationen gar nicht, wie sie handeln sollen.

Man könnte sich oft fragen, wozu es gut ist, sich und seinen Wertvorstellungen treu zu bleiben. Wir fühlen uns oft sehr machtlos. Was spielt unser Einsatz im großen ganzen denn für eine Rolle?

Vergessen wir nicht:

Jeder von uns ist ein *ganzes* Leben lang wichtig. Alles, was wir tun, ist wichtig und wirkt sich auf andere auch dann aus, wenn es uns gar nicht bewußt ist. Wir erweitern den Gesichtskreis ein ganz klein wenig.

Im Gespräch einer Frau mit einem Afrikaner ging es um die Frage, wie sinnvoll es ist, den Hungernden Kleidung und ein wenig Geld zu schicken.

»So, wie die Situation jetzt ist«, sagte der Mann, »brauchen wir jede Hilfe, die wir bekommen können. Wenn Sie Kleider und Geld schicken, werden Sie zu einem Teil der Lösung. Wenn Sie aber lieber nichts tun, muß ich Ihnen leider sagen, daß Sie ein Teil unseres Problems sind.«

Kerstin ist Beamtin im Sozialdienst. Sie liegt täglich im Kampf mit sich selbst und ihrem Verhältnis zu dem, woran sie glaubt. Das gilt für ihr Privatleben ebenso wie für den Beruf. Privat ist ihr größtes Anliegen der Umweltschutz. Nach dem Atomunfall von Tschernobyl empfand sie große Ohnmacht. Sie fürchtete um die Gesundheit ihrer Kinder. Jeder Tag kostete sie viel Kraft, wenn sie ihn durchstehen wollte. Aber sie wollte etwas tun für das, woran sie glaubte. Ihr erster Gedanke war, sich drei Abende in der Woche aktiv für Umweltfragen einzusetzen. Daraufhin schrieb sie einen Brief an die schwedische Energieministerin Birgitta Dahl.

»Das bisherige Niveau meiner Einsatzfreude stempelt mich zu einem Nichts«, sagt Kerstin. »Ein Brief an die Energieministerin kann eine gewisse Wirkung haben, aber bei genauerem Nachdenken ist es äußerst wenig. Man muß, auch wenn man kleine Dinge tut, um seine eigene Bedeutung wissen. Bedenke einmal das Umgekehrte! Hätte ich den Brief nicht geschrieben, wäre das ein Schritt zurück gewesen.

Unser Selbstvertrauen ist oft genug äußerst schwach. Nur Großtaten wie etwa die von Olof Palme zählen. Aber auch das Kleine hat seinen Wert. Es wirkt fort und verbreitet das Gute. Nicht anders ist es, wenn ich das Schlechte weitergebe. Viele Leute halten jeden, der sich für Umweltfragen einsetzt, für einen lästigen Meckerer. Aber das muß man eben aushalten.«

Im Beruf führt Kerstin einen Kampf gegen das neue schwedische Sozialdienstgesetz. Es gefällt ihr ganz und gar nicht. Sie hält es für das Schreibtischprodukt einiger Leute, die eine Fülle von Vorstellungen, aber keine Ahnung von der Wirklichkeit haben.

»Man hat es nicht leicht. Büromenschen, die vorgeben, auf der Seite der von ihnen Betreuten zu stehen, stoßen auf Mißtrauen. Das macht einen total fertig. Ein Süchtiger hat doch gar keine Chance, seine Drogenabhängigkeit in zwei Monaten loszuwerden! Es gehört einfach dazu, daß man bei Mißbrauch manchmal Zwang anwendet. Sonst bekommen die Leute überhaupt nie eine Chance, ein neues Leben auch nur zu versuchen.

So wie es jetzt aussieht, habe ich viel weniger zu leisten. Ich arbeite nur noch mit Leuten, die schon bisher zur Freiwilligkeit zu motivieren waren. Das Gesetz schreibt Schwierigkeiten von vornherein ab. In der Praxis sieht das so aus: Sollen sie sich doch totsaufen! – Zwei Monate Betreuung bringen überhaupt nichts.«

Trotzdem hält Kerstin ihre Arbeit für sinnvoll. Sie hat gelernt, sich Teilziele vorzunehmen und die kleinen Schritte ununterbrochen zusammenzuzählen.

»Es gibt ganz wichtige Gedanken, die man sich immer vor Augen halten muß: Ich bin wichtig! Was wäre passiert, wenn ich es umgekehrt gemacht hätte? Ich persönlich muß etwas wagen. Es ist gefährlich, blind zu gehorchen. Gefährlich für mich selbst und für die ganze Gesellschaft. Stell dir vor, die Gesetze sind unbrauchbar und führen die Menschen, denen ich helfen soll, direkt ins Verderben! Menschen, die das erkannt haben, müssen einfach die Stimme erheben. Es ist in vielen Fällen gefährlicher zu gehorchen, als zu protestieren.«

Nur wer brennt, kann auch ausbrennen. Daher ist es wichtig, auch sich selbst im Auge zu behalten und die

Flamme zu beobachten. Vielleicht haben wir unsere Ideale zu hoch angesetzt und können sie nie erreichen? Jetzt, hinterher, sieht Barbro erst, wie blauäugig und unrealistisch sie im Sozialdienst gearbeitet hat:

»Glückliche Stadt! Niemand wird von Unterstützungen leben müssen, und es wird weder psychische noch Alkoholprobleme geben. Meine Vorgesetzten und sämtliche Politiker werden ganz schnell begreifen, was ich verändern will. Alles geht, wenn man nur will!«

So sah – sicherlich ganz unbewußt – ihre Idealvorstellung aus. Sie hegte zu hohe Ideale, denn da war ja auch noch die Kluft zwischen der Theorie (die ihrer Ausbildung zugrunde lag) und der Wirklichkeit. In diesem Dilemma befinden sich viele.

Je mehr wir wissen, desto höher setzen wir unsere Ideale an. Wir vergessen ganz, daß wir Zeit brauchen, um Ideen zu verwirklichen. Unsere Ideale und Wertvorstellungen werden zu einem bösartigen Feind. Je mehr wir alles selbst verantworten wollen, je höhere Ansprüche wir stellen und je weniger Ruhe wir uns gönnen, desto schlimmer sieht es für uns aus.

Zu glauben, Gedanken wie ›glückliche Stadt‹ und ähnliche wunderschöne Ideale als realistisch anzusehen, bedeutet, daß man sich ständig dem Streß einer inneren Unzufriedenheit aussetzt. Wir müssen lernen, Ideale so abzuwandeln, daß sie der Wirklichkeit näherkommen; und wir müssen lernen, uns Teilziele vorzunehmen. Höhere Ideale können so etwas wie Leitsterne in der Nacht sein, aber wir dürfen nicht damit rechnen, daß wir sie auch erreichen. Sie sind schön – aber lassen wir sie, wo sie sind. Sonst ist die Gefahr groß, daß wir ausbrennen und verbittert aufhören, uns für Ideale einzusetzen.

Es gibt eine Menge Gutes, das wir im Leben tun können. Unerhört viel Gutes!

Es gibt kein Universalgesetz, das sagt, der Mensch dürfe seinen Wertmaßstäben nicht treu bleiben und dürfe sie weder in der Freizeit noch in der Arbeitszeit zu verwirklichen suchen. Bestimmte offensichtlich unverrückbare Grenzen sind zu akzeptieren, weil ihnen offenbar stille Abkommen zugrunde liegen.

Ich verstoße nie gegen Regeln – ich erfinde neue.
Kursteilnehmerin

Was würde passieren, wenn jeder nur das täte, was Vorschriften, Arbeitsregeln und Paragraphen zulassen?

Es gibt nur ein einziges Universalgesetz. Es sagt aus, daß der Mensch in Würde geboren ist und daß er um diese Würde ein Leben lang kämpfen muß. Auf dieses Gesetz müssen wir viel mehr hören als auf die Stimme der Angst, die da fragt, was der Nachbar wohl denken wird, wenn ich dies oder jenes tue. Wir könnten damit leicht in eine Wartestellung geraten, was nun für akzeptabel zu halten ist und was nicht.

Laß deine Wertmaßstäbe gleich schönen Luftballons frei, und vertraue auf dein Recht, auch darüber zu sprechen.

Barbro und Nina halten folgende drei Volkskrankheiten für die häufigsten und am weitesten verbreiteten:

- Krebs
- Herz- und Gefäßerkrankungen
- Gehorsam

Wir Schweden sind so schrecklich artig und großartig. Wir befolgen Gesetze und Verordnungen bis zum Umfallen. Es gibt kaum ein anderes Volk, das so brav Schlange steht wie wir. Unsere ganze Gesellschaft würde sich wohler fühlen, wenn wir ein bißchen mehr nach dem eigenen Kopf handelten. Das Nina-Barbro-Rezept heißt: Mehr Respektlosigkeit – und viel mehr Aufmüpfigkeit.

Was tun?

Seien Sie stark im Handeln. Jeder Mensch ist wichtig. Das sagen wir nicht nur so leichthin. Wir alle sind heutzutage durch eine immer komplexer werdende Gesellschaft miteinander verbunden. Wenn jeder Mensch als Teil der Gesamtheit stillhält, geschieht nichts. Das ganze Muster verändert sich aber wie im Kaleidoskop mit seinen schönen bunten Steinchen, wenn nur *ein* Teilchen sich bewegt. Sie können das Teilchen sein, das das Muster allmählich verändert. Sie können die anderen Steine im Kaleidoskop nicht unter Kontrolle halten, aber Sie können die Bedingungen ändern, die dort gelten, wo Sie sind!

Niemand ist zu gering, um etwas zu verändern. Diese Weisheit liegt vielen Volksmärchen zugrunde. Dort sind es Kinder und arme Fischerjungen, die Riesen und Drachen überlisten.

Stellen Sie sich einmal vor, es kommt jemand und spricht schlecht über einen Dritten. Ihnen ist dabei nicht wohl zumute, aber Sie sind sich nicht sicher, ob Sie dem anderen sagen können, daß Sie kein Interesse haben, weiter zuzuhören oder über die abwesende Person zu sprechen.

Seien Sie stark im Handeln. Überlegen Sie: Was würde passieren, wenn Sie sich weigern, weiter zuzuhören oder schlecht über einen Dritten zu sprechen? Was würde passieren, wenn alle es so machten? Würde das eine Veränderung bewirken? JA! Wenn alle sich weigerten, schlecht voneinander zu sprechen, würde sich in den zwischenmenschlichen Beziehungen viel ändern. Und das wollen Sie doch?

Was würde passieren, wenn Sie sich alles anhören und auch über diesen Dritten sprechen? Was würde passieren, wenn alle so handelten? Würde das eine Veränderung bewirken? NEIN! Das übliche Muster, schlecht über einander zu sprechen, würde bestehenbleiben. Wollen Sie das?

Schreiben Sie auf, wie Sie handeln wollen; z. B. der Natur zuliebe langsamer Auto fahren, bei der Gewerkschaft aktiv werden oder bei einer Gruppe in Ihrer Wohngegend mitmachen. Was würde passieren, wenn alle so handelten?

Auf diese Weise bekommen Sie ein Bild davon, zu welchen Konsequenzen Ihr Handeln führen könnte.

Rückgrat. Jeder von uns hat Wertvorstellungen, aber nur selten nehmen wir uns Zeit, darüber nachzudenken, wie sie eigentlich aussehen. Ein Leben kann auf viele verschiedene Arten gelebt werden. Wir werden daher leicht unsicher, wenn wir uns über unseren Standort nicht im klaren sind. Wir stehen ›ohne Rückgrat‹ da und fallen leicht auf eine Menge Dummheiten herein oder lassen uns von andern über den Haufen reden.

Wie ist es um Ihr ›Rückgrat‹ bestellt, das für den inneren Halt in Ihrem Leben sorgt? Überlegen Sie das im Hinblick auf Ihren Beruf oder ein anderes Gebiet, das Ihnen wesentlich erscheint. Fassen Sie dann in fünf Sätzen die für Sie maßgeblichen Werte zusammen. Es ist wichtig, die Punkte so konkret wie möglich zu formulieren. Beispiele:

● Für mich ist wichtig, daß... (ich ein Auto mit Katalysator fahre, um die Umwelt nicht noch mehr zu vergiften).
● Für mich ist wichtig, daß... (ich Freude verbreite und das Selbstvertrauen anderer fördere).
● Für mich ist wichtig, daß... (die ›Schwachen‹ in unserer Gesellschaft gut betreut werden).
● Für mich ist wichtig, daß... (alle das von mir Geschriebene verstehen).
● Für mich ist wichtig, daß...

Schließen Sie sodann einen Vertrag (WAS? WIE? WANN?) mit sich selbst. Halten Sie darin fünf Teilziele fest, die mit Ihren Wertvorstellungen übereinstimmen. Um es sich einfacher zu machen, denken Sie über die folgenden Punkte nach, ehe Sie den Vertrag aufsetzen:

● Was können Sie schon nächste Woche tun? Was in Zukunft?
● Was können Sie allein tun? Was zusammen mit anderen?

Sprechen Sie ruhig mit Ihren Kollegen/Freunden über Ihre Werte, und versuchen Sie herauszufinden, *wie* Sie sich besser dafür einsetzen können. Sie können gewerkschaftlich, politisch, in den verschiedensten Organisationen mitarbeiten, am Arbeitsplatz Projektgruppen ins Leben rufen, Artikel oder Leserbriefe schreiben und über das, was Sie interessiert, bei den verschiedensten Gelegenheiten sprechen. Sie können versuchen, im Alltag so konsequent wie möglich zu sein und sich eine kleine ›Nische‹ schaffen, wo Sie für einen bestimmten Bereich freie Hand haben.

Halten Sie Ihre Ambitionen in Grenzen. Gehören Sie zu den Menschen, die ein wenig überlegen müssen, wie sie die Zahl ihrer Ideale reduzieren können? Lassen Sie sich gesagt sein, das bringt einen nicht um. Es vergrößert im Gegenteil die Überlebenschancen, ja, es ermöglicht sogar ein angenehmeres, zufriedenstellenderes Leben. Es besteht keine Gefahr, daß Sie nun ein Teil des Problems werden. Dafür brennen Sie viel zu hell.

Das alles bedeutet nun nicht, daß Sie sich abkapseln müssen, daß Sie die Probleme nicht mehr sehen und nur noch Daumen drehen dürfen; daß Sie aufhören müssen, sich zu engagieren und alles, was Sie für wichtig halten, nun in kürzester Zeit mit Donner und Doria untergeht. Glauben Sie uns! Wir haben den Prozeß durchgemacht, fühlen uns wohler und sind noch immer der Meinung, daß wir eine Menge leisten.

Sprechen Sie Ihre Ideale mit jemandem durch, der ein wenig über den Dingen steht und der nicht vom selben Feuer getrieben wird wie Sie. Sonst ist die Gefahr groß, daß dieses Gespräch nur eine Menge neuer Projekte zur Folge hat. (So geht es uns meistens...)

Lesen Sie auch nach in Kapitel 7 ›Wir übernehmen zuviel Verantwortung‹ und Kapitel 3 ›Wir stellen zu hohe Ansprüche...‹.

Affirmationen

Ich ... bin wichtig und habe Einfluß auf andere Menschen.
Ich ... stehe für meine Werte ein.
Ich ... nehme mich selbst ernst.

10

Wir haben im Leben nicht den richtigen Platz gefunden

Sie haben nun die früheren Kapitel durchgelesen und auch einige von den Übungen gemacht. − Trotzdem könnte es sein, daß Sie noch immer nicht so recht mit Ihrem Beruf zufrieden sind, schließlich quälen Sie sich doch jeden Tag aufs Neue zur Arbeit... Vielleicht haben Sie in Ihrem Leben wirklich noch nicht den richtigen Platz gefunden. Vielleicht ist es Zeit für den nächsten Schritt − nämlich einen Berufswechsel.

> »Wir sind nicht auf die Welt gekommen, um fest angestellt zu werden. Ich glaube, es ist eine Art kollektiver Mythos, daß ›fest angestellt sein‹ ganz ungeheuer wichtig ist. Gäben sonst so viele Menschen gerade deshalb alles andere auf? Sie tun, als wäre eine feste Anstellung das höchste Lebensglück. *Wäre* es das höchste Glück im Leben, dann liefen ja alle fest Angestellten immer nur mit fröhlichen Gesichtern herum, oder? Es zeigt einmal mehr, daß man eben alle Theorien abklopfen muß, die in Umlauf sind. Stimmen sie wirklich? Wenn ja − dann stimmt meiner Meinung nach anderswo irgend etwas nicht.«

Diese klugen Worte stammen von Eva Sternberg. Sie ist Ideologin, Gründerin eines großen Handelshauses und eine den Frauen, die hinter der Stiftung ›Kvinnor kan‹ (Frauen können es) stehen.

›Der richtige Platz‹ bedeutet, daß wir an oder für etwas arbeiten, woran wir glauben und das uns interessiert. Unsere Talente und Kenntnisse kommen gut zur Anwendung. Es muß eine Art idealer Schnittpunkt sein, wo Anspruch und Bedürfnis zusammenfließen. (Das liegt auf einer ganz anderen Ebene als Karriere, Status, Titel oder Geld.)

Der richtige Platz bedeutet nicht, daß man den ›richtigen‹ Posten hat oder ein Leben lang im ›richtigen‹ Zimmer sitzt. Das, was man eine Zeitlang für den richtigen Platz hält, ist es vielleicht nicht fürs ganze Leben. Vor nur wenigen Jahrzehnten wurde jene Person besonders geschätzt, die ihr ganzes Leben denselben Arbeitsplatz innehatte. Heutzutage ist es erlaubt, zu hinterfragen, neugierig zu sein, zu lernen und neue Erfahrungen zu sammeln, ohne daß man deswegen für wankelmütig gehalten wird.

Viele von uns tragen das Gefühl in sich, im Leben etwas ganz Besonderes leisten zu müssen. Wir fühlen uns unzufrieden, irgend etwas fehlt uns. Wir sind auf der Suche nach einer Mission oder einer sinnvollen Aufgabe. Das braucht nicht zu bedeuten, daß wir uns zu einer Art Mutter Teresa berufen fühlen oder zu einem Nelson Mandela. Vielleicht möchten wir gern singen und anderen die Freude daran mitteilen, oder wir möchten gute Eltern sein oder ein Fahrradgeschäft aufmachen.

Der eigene Weg

Jeder Mensch hat seinen Weg zu gehen, und jeder dieser Wege ist einmalig. Vielleicht haben wir einen großen, breiten Weg gefunden, den viele Menschen in großen Gruppen gehen. Wir empfinden eine gewisse Geborgenheit – und doch stimmt etwas nicht. Wenn es so ist, müssen wir nach innen, auf unsere innere Stimme hören. Und wir müssen den Schritt zur größeren Individualität wagen.

Man muß sich einfach trauen, seine Träume hervorzuholen und ernst zu nehmen. Die zarten, schönen Träume, die wie Seifenblasen platzen, wenn wir sie mißachten und zerreden. Träumen ist weder kindisch noch lächerlich, und keiner steht allein damit. Zum Trost sei gesagt, daß jeder Mensch Träume hegt – nur haben die wenigsten den Mut, es zuzugeben.

Nina erzählt:

»Es hat Jahre gedauert, bis ich einsah, daß der Fehler nicht bei mir lag, sondern daß ganz einfach die Arbeit bei der Behörde nicht der rechte Platz für mich war.

Als mir das klar zu werden begann, war ich zunächst ganz verwirrt. Was sollte ich denn anderes tun? Hatte ich denn nicht immer den Grundsatz vernommen: Der Beamte hat zwar nichts, aber das dafür sicher?

Kerstin, berufliche Ansprechpartnerin und Vertraute, schlug mir vor, eine Liste über all das anzulegen, was ich möglicherweise tun könnte — Träume und Wirklichkeit bunt durcheinander. Ich sollte auch nicht überlegen, ob dies oder jenes durchführbar wäre oder überhaupt zu mir paßte. Ich brauchte Wochen für diese Liste, und es machte mir einen Heidenspaß, sie anzulegen. Tag für Tag versuchte ich mich in die verschiedensten Arbeitsmöglichkeiten hineinzuversetzen. Schließlich hatte ich über 70 Möglichkeiten auf Lager. Hier nur einige davon.
- Sängerin
- Lehrerin
- ein indisches Restaurant eröffnen
- Luxusweib
- eine Hundepension betreiben
- Bücher schreiben
- Werbung machen
- Personalchef

Über manche Möglichkeiten wollte ich mehr wissen und fragte bei einem Verlag an, ob ich ein paar Tage volontieren könne, um etwas Einblick in die Arbeit des Verlagslektors zu bekommen.

Dann überlegten wir uns, welche meiner Vorstellungen realistisch waren. Kerstin stellte mir einfach nur Fragen, sie gab keine ›guten Ratschläge‹. Es ging ja darum, daß ich nachzudenken und zu arbeiten begann.

Hatte ich genügend Talent, um Sängerin zu werden?

173

Würde ich eine Ausbildung brauchen? Hatte ich dafür genügend Geld? Würde ich bereit sein, nebenher zu arbeiten, um mir die Ausbildung leisten zu können? Wieviel Jahre durfte sie dauern?

Nein, dachte ich, das Talent würde wohl nicht ausreichen, und wahrscheinlich würde ich es auch nicht aushalten, im Rampenlicht zu stehen.

Es war ein gutes Gefühl, das ganze Durcheinander und meine unrealistischen Träume ein bißchen auseinanderzuklauben. Es hat mich davor bewahrt, an meinem Lebensabend voll Bitterkeit zu bereuen, daß keine Sängerin aus mir geworden ist.

Allmählich kristallisierte sich heraus, daß ich versuchen sollte, Werbetexterin zu werden. Ein halbes Jahr später fing ich am Grafik-Institut zu studieren an, und ein Jahr später war ich als Copywriter bei einer Werbeagentur angestellt.

Dieses Umsatteln hat einen Riesenspaß gemacht. Ich genoß in dem Prozeß, meinen alten Beruf aufzugeben, jeden einzelnen Schritt. Heute weiß ich, wie glücklich ich mich schätzen darf, nicht mehr Beamtin zu sein, denn ich war nicht zu bequem gewesen, mich zu dem Beruf vorzutasten, den ich wirklich ausüben wollte.«

Das Zeitalter der freien Wahl

Irgendwie war es früher einfacher, den richtigen Platz im Leben zu finden. Die Auswahl war ja längst nicht so groß. Das Leben war eine Art Straßenbahn. Der Einstieg gab den Rest des Lebens vor. Wer in einer Bauernfamilie geboren war, wußte, wieviel Auswahl ihm blieb. Das galt genauso für jeden anderen Stand. Bei den Frauen konnte man noch viel weniger von Wahlmöglichkeiten sprechen. Die Straßenbahn fuhr ihren Schienenstrang entlang, und niemand dachte ans Umsteigen. Es war so gut wie undenkbar.

Überlebt hat sich inzwischen die Straßenbahn der Berufswahl. Wir dürfen jetzt selbst auf Straßen und Wegen Auto fahren. Das bedeutet nicht nur Vertrauen, sondern auch Mühe. Wir haben nicht mehr die Sicherheit, die darin liegt, Näherin oder Herrenschneider zu werden, wenn diese Tradition in unserer Familie herrschte. Wir werden gezwungen, uns selbst als Individuum genau unter die Lupe zu nehmen, müssen uns selbst beurteilen lernen. Wer bin ich? Was kann ich gut? Was mache ich gern? Was möchte ich aus meinem Leben machen? Was *kann* ich daraus machen?

Dieses Gefühl von Freiheit ist schön, aber es belastet auch. Unsere Aussichten, auf dem falschen Platz zu landen, sind um so vieles größer, und es ist alles andere als leicht, selbständig eine Wahl zu treffen. Wir stehen unter dem Einfluß von Modetrends, scheinbar sicheren Berufen, dem Wunsch unserer Eltern bis hin zum Freund/der Freundin, der/die eine andere Schulform gewählt hat.

Ein häufiger Grund dafür, daß Menschen in einem ungeliebten Beruf durchhalten, sind sogenannte ›finanzielle Gründe‹. Das klingt ganz nach unumstößlichem Naturgesetz. Wir beide wissen, daß es ›finanzielle Gründe‹ gibt; aber wir wissen auch, daß sie einen leicht mit Blindheit schlagen. Es gibt doch wirklich auch hier Möglichkeiten, etwas zu ändern.

Hinter derart verschwommenen Begriffen kann sich viel verbergen. Da gibt es u. a. die Dinge, die wir im Leben *haben zu müssen* glauben. Wir müssen Häuser mit fließendem Wasser, WC und elektrischem Strom haben. Wir müssen ein Sommerhaus und Skiurlaub haben, Auto und Telefon, Konserven, Tiefkühlkost und zehnerlei Zahncremes. Ganz zu schweigen von Fernsehen, Video, Radio und Stereo − je einen Apparat pro Kind. Wie sind die Menschen früher nur ohne das alles zurechtgekommen?

»Ja, ja«, wendet jemand ein. »Die haben eben in Armut und Elend dahingelebt, ohne Kultur und Ausbildung. Das ist für mich kein Leben.«

Möglich, daß wir uns an einen niedrigeren Standard gewöhnen, um das zu erreichen, was wir wollen. Wir müssen dann eben darüber nachdenken, was wir zu gewinnen haben, und es gegen das abwägen, was wir zu verlieren haben. Wir können einen Beruf gewinnen, der uns Spaß macht – oder wir können unsere Gesundheit und unsere Lebensfreude verlieren.

Mann mit Stargage steigt aus. Robert ist 45 Jahre alt. Er hatte seinen Traumjob errungen: Personalchef eines Großunternehmens. Er bezog das, was er selbst als ›Stargage‹ bezeichnete, und das erleichterte den Entschluß aufzuhören keineswegs.

Nach vier Jahren spürte Robert, daß etwas nicht stimmte. Er fand es ganz in Ordnung, daß er einen anspruchsvollen Job hatte, aber der zehrte mehr als er nährte. Robert focht acht Monate lang einen harten Kampf mit sich selbst aus, ehe er es schließlich wagte zu kündigen.

Du kommst geflogen wie der schöne bunte Vogel. Die Federn glänzen in der Sonne, wenn du auf das nächsthöhere Ästchen hüpfst. Für manche Leute bedeutet der Ast ein höheres Einkommen; für andere bedeutet er, daß er jetzt Holz hacken oder neue berufliche Aufgaben übernehmen wird – kurz gesagt irgend etwas, das gerade für *ihn* das Bessere zu sein scheint.

Nach einer Weile aber merkst du, daß es gar nicht soviel Spaß macht, gar nicht so anregend oder ganz einfach nicht so ist, wie du erwartet hast. In einsamen Stunden bricht dir der kalte Schweiß aus. Habe ich den falschen Beruf gewählt? Jeder andere wäre überglücklich, wenn er diesen Posten hätte. Und trotzdem bin ich nicht glücklich.

»Was werden die anderen sagen?«

Aussteigen ist nicht leicht. Besonders dann nicht, wenn es ein guter Posten ist, der auch in den Augen anderer als gute Position gilt, zum Beispiel ein höherer Vorgesetzter zu sein.

»Dein Partner erschrickt, wenn du von Aussteigen zu reden anfängst, und du ziehst den Kopf ein«, sagt Robert. »Deine Kinder fangen zu weinen an. Wenn du den Posten aufgibst, müßt ihr auf die Skiurlaube verzichten, und vielleicht könnt ihr euch nicht einmal mehr euer gegenwärtiges Haus leisten. Das drückt auf die Stimmung.

Deine Erziehung, deine Kultur lehnt sich auf: ›Das tut man einfach nicht!‹ Man steigt nicht aus einer erstklassigen Stellung aus! Man zieht sich nicht dankend zurück, wenn man einmal etwas übernommen hat.«

Sie empfinden den Ausstieg selbst als soziale Schande. Sie schämen sich, während Sie in aller Stille daran denken, die Arbeitskollegen zu verlassen − also eigentlich ›im Stich zu lassen‹ −, jene Arbeitskollegen, die dazu beigetragen haben, daß gerade Sie diesen Posten bekamen. Und Sie wissen auch, welche Unannehmlichkeiten das für den gesamten Mitarbeiterstab mit sich bringt.

Sie halten also durch und halten durch... bis der Körper eines Tages nicht mehr mitmacht und Sie krank werden... oder Ihr Selbstgefühl sinkt so auf den Tiefpunkt, daß Ihnen das Leben keine Freude mehr macht. Der fröhliche bunte Vogel verliert bei jeder inneren Niederlage eine Feder. Selbstverachtung und Zweifel nagen an Ihnen.

Sie wünschen sich, Sie wären tot. Wirklich tot! Und Sie haben keine Chance, einen anderen Job zu kriegen. Denn niemand will eine angeschlagene graue Maus einstellen. Sie müssen fliegen können, müssen glänzen und in eigener Sache sprechen können, um eine neue Stelle zu bekommen.

Robert gab seine Stellung auf und fing freiberuflich als Betriebsberater zu arbeiten an − ohne feste Dienststunden und ohne eine Ahnung zu haben, mit welchem Einkommen er würde rechnen können. Aber auch jetzt, drei Jahre danach, bereut er seinen Entschluß noch nicht.

>   Der Mensch hat nur eine einzige Pflicht:
>   Glücklich zu sein.
>   *Albert Camus*

Was tun?

Gute und schlechte Seiten des Berufs. Untersuchen Sie genau, was Ihre Arbeit Ihnen gibt und was nicht. Vage Ahnungen beginnen Gestalt anzunehmen. Es ist von Vorteil, wenn Sie große Bogen zum Schreiben und Zeichnen verwenden; und wie immer ist es gut, über Ihre Gedanken mit jemand zu sprechen, dem Sie wirklich vertrauen. Er kann Ihnen sicher andere Gesichtspunkte aufzeigen. Legen Sie eine Liste mit zehn Vorteilen an, die Ihnen Ihrer Meinung nach Ihr jetziger Posten bietet. Schreiben Sie auf, was er Ihnen gibt, und auch, was Sie an diesem Arbeitsplatz für andere tun können.

Stellen Sie eine Liste mit zehn Nachteilen Ihrer Arbeit zusammen. Führen Sie neben ganz Persönlichem auch das an, was Sie für andere *nicht* tun können.

Wägen Sie Vor- und Nachteile gegeneinander ab. Alles hat seinen Preis, und jede Arbeit hat ihre Vor- und ihre Nachteile. Sie müssen nur entscheiden, ob hier die Vor- oder die Nachteile überwiegen. Sind Sie bereit, den Preis für das zu bezahlen, was Sie wirklich wollen?

Eine Stellung muß eine Form von Zukunftshoffnung einschließen; etwa daß die Zustände sich bessern — auch wenn es länger dauert — und daß Ihre Arbeit geschätzt wird. Sonst reiben Sie sich auf. Vermissen Sie bei Ihrer Arbeit die Zukunftshoffnung? Wollen Sie bleiben und Veränderungen in die Wege leiten — oder wollen Sie die Stellung wechseln?

Werden Ihre Müdigkeit und Ihr Arbeitsüberdruß vorübergehen? Oder spüren Sie nur eine ganz normale, gesunde Müdigkeit? Vielleicht haben Sie hart auf ein Ziel hingearbeitet, und jetzt kommt die ganz natürliche Reaktion?

Wenn Sie deutlich erkennen, daß die Nachteile überwiegen, wenn Sie fühlen, daß Sie im Leben auf dem verkehrten Platz stehen, dann müssen Sie sich selbst ernst nehmen. Sie dürfen sich nicht schämen oder sich für unfähig halten. Wir sind noch immer davon überzeugt, daß Sie klug und urteilsfähig sind und ein Leben lang Ihr Bestes gegeben haben. Vielleicht ist jetzt in Ihrem Leben der Zeitpunkt für den nächsten Schritt gekommen?

Sie merken vielleicht zu Ihrem Erstaunen, daß es Ihnen an Ihrem Arbeitsplatz recht gut geht, daß die Vorteile überwiegen, daß es den Preis wert ist zu bleiben. Gut. Dann bleiben Sie ruhig. Vielleicht genügen einige kleinere Veränderungen, damit Sie sich rundherum wohl fühlen in... sagen wir... drei Monaten.

Der Schnittpunkt. Um sich darüber klarzuwerden, wohin man in seinem Leben eigentlich kommen will, kann man auf folgende Übungen zurückgreifen:

- 30 Dinge, die ich gern tue. Sehen Sie nach im Kapitel ›Was uns fehlt, ist regelmäßige Entspannung‹. (55 f.)
- 15 Dinge, die ich gut kann, und dazu fünf Schwachpunkte. Sehen Sie nach im Kapitel über das Nachfüllen des Topfes. (119 ff.)

Den Schnittpunkt müßten Sie dort finden, wo Sie etwas gern tun und wo Sie etwas gut können.

Die Wegscheide. Diese Übung können Sie machen, wenn Sie schon wissen, womit Sie sich am liebsten beschäftigen möchten. Zeichnen Sie einen Weg (auf einen großen Bogen Papier!), der sich nach einer gewissen Strecke in zwei oder mehrere Wege teilt. Malen Sie sich selbst an die Wegscheide.

Der eine Weg zeigt die Laufbahn, die Ihnen im Leben bevorsteht, wenn Sie Ihre jetzige Stellung beibehalten und nicht besonders viel verändern. In Ihrer Phantasie müssen Sie sich vorstellen, daß Sie fünf Jahre lang auf diesem Weg weitergehen. Wie sieht Ihr Leben in einem Jahr aus, und wie werden Sie sich dann fühlen? Wie in zwei Jahren? Wie in fünf Jahren?

Wagen Sie davon zu träumen und sich vorzustellen, daß die anderen Wege Ihre Wahlmöglichkeiten darstellen. Beschreiten Sie in Gedanken einen nach dem anderen, und stellen Sie sich vor, wie Ihr Leben in ein, zwei oder fünf Jahren aussehen und was es Ihnen bedeuten könnte.

Vergleichen Sie nun, wohin Sie die verschiedenen Möglichkeiten nach fünf Jahren geführt haben könnten. Wenn es Veränderungen gibt, die Sie anstreben, können Sie einen Fünfpunktevertrag mit sich selbst schließen.

Der Arbeitsplatz- oder Berufswechsel

Wir sind der Ansicht, daß es in manchen Situationen nicht allzuviele Wahlmöglichkeiten gibt. Das Wichtigste ist, von einer ungeliebten Arbeit wegzukommen. Das hat mit dem eigenen Überleben zu tun. Bleibt man kleben, besteht möglicherweise die Gefahr, ernstlich zu erkranken. Vielleicht nicht gleich morgen, aber doch in absehbarer Zeit.

Barbro hat drei Monate unbezahlten Urlaub genommen und dann gekündigt, ohne einen anderen Job zu haben.

Sie brauchen nicht ohne Schwimmreifen mutig ins tiefe Wasser zu springen. Sie können sich auch vorsichtig an den neuen Weg herantasten:

Übernehmen Sie im Arbeitsteam andere Aufgaben. Erklären Sie Ihre Situation. Lassen Sie die anderen wissen, daß Sie kurz vor dem Zusammenbruch stehen (oder nennen Sie einen anderen triftigen Grund) und daß Sie eine Zeitlang etwas anderes tun müssen. Fragen Sie nicht zuviel danach, was erlaubt ist und was nicht. Diskutieren Sie mit Ihren

Kollegen in der Arbeitsgruppe alles durch, und stehen Sie einander bei.

»Das geht auf meinem Posten nicht«, hören wir jemanden einwenden.

»Na dann eben nicht. Versuche es halt mit einem der folgenden Punkte«, antworten Nina und Barbro unisono.

Beurlaubung auf Zeit. Vielleicht für ein paar Monate, nur um mal von der Arbeit wegzukommen. Sie können irgendwohin verreisen, einfach zu Hause bleiben oder etwas ganz Neues tun, etwa studieren, sich mehr um die Kinder kümmern, eine andere Tätigkeit ausprobieren. Die Familie muß natürlich mitmachen, denn sie muß auf manches verzichten, wenn das Einkommen sich verringert. Haben Sie den Mut zu glauben, daß Sie so handeln dürfen; daß es notwendig sein kann, wenn Sie es weiterhin schaffen wollen. Überlegen Sie, ob Sie nicht lieber etwas anderes machen möchten. Besuchen Sie zur Information Betriebe, die Sie interessieren.

Wenn der Arbeitgeber ablehnt: Erfinden Sie einen Grund oder erklären Sie ihm den Sachverhalt, daß Sie sonst vermutlich für längere Zeit krank geschrieben werden müssen. Bestimmt haben Sie körperliche Symptome, auf die Sie sich berufen können. Es ist schließlich nicht der Sinn der Sache, daß Sie total zusammenklappen.

Arbeitsbereich für längere Zeit mit jemandem tauschen. Bitten Sie Ihren Arbeitgeber, daß er Ihnen andere Arbeiten überträgt, ohne daß es sich dabei um eine ›Versetzung‹ handelt.

Deutet jedoch alles darauf hin, daß Sie nicht bleiben können oder wollen, dann ist es ratsam, rechtzeitig ein Sparbuch anzulegen, um sich ein Sicherheitspolster zu schaffen. Barbro hat zwei Monatsgehälter auf die hohe Kante gelegt.

Längerer unbezahlter Urlaub. Reichen Sie einen längeren unbezahlten Urlaub ein, etwa um eine andere Arbeit auszuprobieren oder um zu büffeln. Ein Arzt arbeitete für ein halbes Jahr in einem Blumenladen und war absolut glücklich, daß er einmal etwas anderes tun durfte. Es verschaffte ihm viele neue Einsichten. Wir dürfen nicht nur ›gehobene‹ Positionen anstreben.

Reduzieren Sie die Arbeitszeit, denken Sie sich eine Tätigkeit aus oder studieren Sie etwas. Der Begriff ›selbst etwas anfangen‹ ist schon ein bißchen abgegriffen. Und doch gibt es Situationen, wo es immer noch besser ist, sein eigener Herr zu werden. Das kann der Fall sein, wenn das, was Sie aus Ihrem Leben machen wollen, so ungewöhnlich ist, daß Sie einfach keine entsprechende Stellung finden.

Sie dürfen nie damit rechnen, daß Sie sofort von Ihrer eigenen Tätigkeit leben oder auch nur an Ihr jetziges Gehalt herankommen können. Wenn Sie tun, was Ihnen Spaß macht und was Ihnen ein ganz persönliches Anliegen ist, wird das Ergebnis gut sein, und es stellt sich letztlich auch das Geld ein.

Deshalb ist es gut, sachte anzufangen – vielleicht zunächst auf Halbtagsarbeit zu reduzieren – und sich mit diesem sicheren Rückhalt weiterzuhanteln.

Barbro und Nina haben drei Regeln für ihre freiberufliche Tätigkeit aufgestellt:

● Wählen Sie eine Tätigkeit, die Ihnen gefällt und an die Sie glauben.
● Die Tätigkeit muß ein guter Beitrag zum Leben unserer Mitmenschen sein und möglichst sogar für unseren Planeten.
● Geld verdienen.

Erst dann kommt Qualitätsarbeit heraus. In erster Linie Geld zu haben heißt, seine Seele an andere Mächte verkaufen. Sie werden dadurch zu einem Teil des Problems und tragen nicht zu dessen Lösung bei.

Kündigen Sie. Sind die Widrigkeiten sehr groß, nehmen

Sie das Risiko auf sich und kündigen Sie. Egal ob Sie schon einen neuen Job haben oder nicht. Dadurch werden Sie nämlich gezwungen, Ihre Kräfte zu mobilisieren. Bilden Sie sich weiter, vervollständigen Sie, was Sie gelernt haben, oder lernen Sie etwas Neues.

Suchen Sie eine feste Anstellung. Wenn Sie schon selbständig sind oder ein eigenes Unternehmen haben, das Sie demnächst fertigmacht, können Sie sich natürlich auch eine feste Anstellung suchen. Die Welt geht nicht unter, wenn Sie auf diese Möglichkeit zurückgreifen. Führen Sie sich vor Augen, was Sie in der Zeit Ihrer Selbständigkeit gelernt haben, und seien Sie dankbar dafür. Unternehmertum ist nur eine Möglichkeit, Arbeit zu organisieren.

Reich(lich)e Freizeit. Wenn Sie keine Möglichkeit haben, den Beruf zu wechseln oder eine Zeitlang einen anderen auszuprobieren, dann sehen Sie zu, daß Sie sich ergiebige Freizeit schaffen und dabei Lebensfreude und Kraft zurückerlangen. Lohnarbeit ist nicht alles im Leben.

Affirmationen

Ich ... bin immer auf dem richtigen Platz.
Ich ... finde immer Lösungen.
Meine Kenntnisse und meine Erfahrungen sind wertvoll, und ich habe die Arbeit, die ich haben will.

Lernen Sie nein sagen

Nein zu sagen ist mit das Schwierigste, was es gibt. Und es schafft oft Schuldgefühle. Es ist tief in uns verwurzelt, dieses ›immer gefällig sein‹, dieses ›nett sein‹, um damit Liebe und Freundschaft zu erwerben. Wir benehmen uns täglich, als wäre es lebensbedrohend, nicht ständig von menschlicher Wärme umgeben zu sein.

Es gibt aber auch noch andere Gründe, nicht nein zu sagen und sich zuviel aufzubürden; es ist schwierig, etwas an andere zu delegieren; man nimmt ›freiwillig‹ Dinge auf sich (»jemand muß es ja tun«), oder wir haben ein rechthaberisches Gegenüber, das sich erst zufriedengibt, wenn es uns dorthin manipuliert hat, wo es uns haben will.

Es gibt im Berufsleben gar nicht so wenige Unterschiede zwischen Männern und Frauen. Wir lernen schon bald, daß – verglichen mit zu Hause – am Arbeitsplatz ganz andere Regeln gelten. Frauen erwarten häufig, daß sie wie zu Hause behandelt werden. Sie glauben, mit Kollegen, Kunden und Klienten gut Freund sein zu müssen. Sie erwarten viel und geben viel. Wir Frauen brauchen die Männer nicht zu kopieren, aber wir könnten vielleicht gewisse Haltungen übernehmen, die uns vieles erleichtern würden, also z. B. nein sagen lernen.

Sie sollen hier lernen, nein *und auch* ja zu sagen. Wir wollen aber nicht, daß Sie von jetzt an aus Angst, ausgenützt zu werden, immer nur nein sagen. Nein zu den richtigen Dingen zu sagen bedeutet, daß Sie andere Dinge bejahen, die Sie viel lieber tun wollen, zu denen Ihnen aber bisher Zeit und Kräfte gefehlt haben.

Wir beide haben uns damit viele Jahre herumgeschlagen und sind in die bizarrsten Situationen geraten, weil wir nicht zum richtigen Zeitpunkt nein sagen konnten:

● Wir hatten drei Jobs und sollten gleichzeitig ein Buchmanuskript zustande bringen;

- wir wurden Vorstandsmitglieder, nur weil wir an einer bestimmten Sitzung teilgenommen hatten;
- wir ließen langweilige Einladungen, Feste und Familienfeiern über uns ergehen;
- wir haben versichert, daß die kratzige graue Strickjacke mit den Zinnknöpfen das schönste aller Weihnachtsgeschenke gewesen ist;
- wir hatten drei Termine gleichzeitig im Kalender stehen;
- wir haben die Sozialakademie besucht;
- wir haben im April gezeltet;
- wir haben vom Krankenbett aus unsere Arbeit erledigt;
- wir hätten uns um ein Haar vom falschen Mann vor den Traualtar schleppen lassen;
- wir haben unterbezahlte Jobs angenommen;
- wir haben minderwertige Lexika gekauft...

Es gibt ein paar ganz einfache Grundsätze, die Sie an dieser Stelle von uns übernehmen sollten:

Sie bestimmen selbst über sich. Es gibt eine Grenze dafür, wie nahe Ihnen andere auf den Pelz rücken dürfen. Und Sie allein bestimmen, wo diese Grenze verläuft, welche Beschlüsse Sie selbst fassen und wo andere sich einmischen dürfen, ohne daß es Ihnen etwas ausmacht. Sie haben auch das volle Recht zu entscheiden, ob das Ihr Problem ist oder das Problem der anderen.

Sie haben auch ein Recht, das Wohlwollen anderer dankend abzulehnen. Es ist Ihre Sache, was Sie annehmen oder hergeben wollen.

Sie brauchen nicht zu erklären, warum Sie nein sagen. Da Sie klug und urteilsfähig sind, haben Sie Ihre Entschlüsse aus wohl überlegten Gründen gefaßt – und Sie sind dafür keine Rechenschaft schuldig!

Werden Sie nach Ihren Gründen gefragt, so geschieht das oft nur, um mit Ihnen zu argumentieren und Ihren Entschluß zu Fall zu bringen. Der Staubsaugervertreter braucht keineswegs zu wissen, warum Sie keinen Staubsauger von ihm kaufen wollen; das ist absolut Ihre Privatsache.

Wenn Sie jemandem eine Erklärung geben wollen, von dem Sie wissen, daß er sie annimmt, dann ist das natürlich auch ganz in Ordnung.

Sie haben das Recht, sich zu irren. Was Sie gestern gut gefunden haben, erweist sich heute als weniger gute Idee, denn Sie haben sie inzwischen von allen Seiten beleuchtet. Es hat nichts mit ›Wankelmütigkeit‹ zu tun, wenn man sich für etwas anderes entschließt; es ist vielmehr ein Zeichen reiflichen Überlegens. Außerdem ist Irren menschlich.

Versuchen Sie nie so zu tun, als hätten Sie Ihre Meinung *nicht* geändert. Stehen Sie für das ein, was Sie getan haben.

Sie haben das Recht, Fehler zu machen. Nicht alle von Ihnen gefaßten Entschlüsse können perfekt sein. Das Dasein als solches ist ja auch nicht perfekt. Seien Sie jedoch immer zu Konsequenzen bereit. Sie sind in der Regel wesentlich weniger gefährlich als Sie denken, schließlich fassen Sie keine unüberlegten Beschlüsse!

Sie haben das Recht zu sagen: »Das weiß ich nicht.« Es ist viel besser zuzugeben, daß man etwas nicht weiß, als schlichtweg zu behaupten, was man nicht sicher weiß. (Außerdem läßt man sich einen Spielraum zum Nachdenken!) Sie haben auch das Recht zu sagen: »Davon verstehe ich nichts«, oder sogar: »Das ist mir schnuppe.«

Prägen Sie sich diese fünf Punkte ein, wie Sie in der Schule das Einmaleins gelernt haben. Vorschlag: Wiederholen Sie sie eine Woche lang täglich vor dem Einschlafen.

Einfache Übungen

In diesem Abschnitt werden Übungen beschrieben, mit denen Sie hier und jetzt sofort anfangen können. Sie erfordern keine besonderen Kenntnisse. Sie brauchen nur zu üben. Sie sind leicht zu verstehen und anzuwenden:

Eine Schallplatte mit Sprung. Die Technik läuft einfach darauf hinaus, daß man hartnäckig wiederholt, was man gern will oder auch nicht will. Das kann so gehen:

> *Vertreter:* »Guten Tag, die Dame. Ich wüßte gern, ob Sie an unserem neuen Nachschlagewerk Interesse haben.«
>
> *Sie:* »Guten Tag. Ich habe keinerlei Interesse an einem Nachschlagewerk.«
>
> *Vertreter:* »Es ist das neueste Werk auf dem Markt und absolut auf dem laufenden. Dürfte ich es Ihnen vielleicht einmal zeigen? Es dauert höchstens fünf Minuten.«
>
> *Sie:* »Nein danke, ich habe keinerlei Interesse an einem Nachschlagewerk.«
>
> *Vertreter:* »Darf ich eine Frage stellen? Ich wüßte gern, welches Nachschlagewerk Sie zur Zeit benutzen.«
>
> *Sie:* »Ich weiß, was Sie meinen, aber ich habe kein Interesse an einem Nachschlagewerk.«

Und wenn nötig, machen Sie einfach so weiter. Sie wiederholen stur das, was Sie ausdrücken wollen; er wird bald begreifen, daß Sie keinen Argumenten offen sind und daß er Sie somit nicht zu Fall bringen kann.

Diese Technik kann auch umgekehrt verwendet werden, zum Beispiel wenn Ihr Auto für teures Geld repariert worden ist – und es immer noch nicht funktioniert. Das kann etwa so klingen:

> *Sie:* »Gestern habe ich meinen Wagen von Ihnen zurückbekommen. Ich habe ihn hergebracht, weil der Starter kaputt war. Der ist immer noch nicht in Ordnung, obwohl die Reparatur sehr teuer gewesen ist. Ich verlange, daß Sie ihn jetzt sofort reparieren, ohne daß mir zusätzliche Kosten erwachsen.«

Mechaniker: »Wir haben ihn aber repariert. Da muß ein neuer Fehler aufgetreten sein.«

Sie: »Nein. Die Reparatur war nicht ordentlich gemacht. Ich verlange, daß Sie den Starter jetzt sofort reparieren, ohne daß mir zusätzliche Kosten erwachsen.«

Mechaniker: »Das wird schwierig sein. Wir sind im Moment auf Wochen ausgebucht.«

Sie: »Das ist nicht mein Problem. Ich verlange, daß Sie den Starter jetzt sofort reparieren, ohne daß mir zusätzliche Kosten erwachsen.«

Bedenkzeit. Eine weitere einfache Technik ist, nur zu sagen: »Das weiß ich nicht.« So gewinnen Sie Zeit, Ihre Gedanken zu sammeln, und Sie können in aller Ruhe überlegen, wie Ihre Antwort ausfallen soll. Folgendermaßen kann es klingen, wenn ein Kollege (dessen Planung das reine Chaos ist) Sie fragt:

Kollege: »Hör mal, könntest du morgen nicht für mich zu dieser Gruppensitzung gehen. Ich schaff's einfach nicht, habe zwei Termine.«

Sie: »Weiß ich im Moment nicht; laß mich mal kurz überlegen.«

Kollege: »Du brauchst nur zuzuhören und ein paar Notizen zu machen, damit ich im Bilde bin.«

Sie: »Ist mir vollkommen klar, aber ich weiß es im Augenblick nicht. Ich sag' dir's in einer Stunde.«

Und dann ziehen Sie sich zurück, denken ein bißchen darüber nach, ob es wirklich Ihr Problem ist, wenn Ihr Kollege schon wieder überbeansprucht ist (Sie können natürlich überhaupt nichts dafür!). Sobald Sie sich in aller Ruhe klargeworden sind, sagen Sie ihm Bescheid.

Wenn es Ihnen schwerfällt, es Ihrem Kollegen zu sagen, können Sie einfach einen Zettel auf seinen Schreibtisch legen oder ihm sonstwie Nachricht zukommen lassen. Es gibt immer mehrere Möglichkeiten, aber es gibt kein Gesetz, das verlangt, daß Sie sich einem Direktkontakt aussetzen müssen − besonders dann nicht, wenn Sie genau wissen, daß Sie sich breitschlagen lassen werden.

Das Schlimmste, was passieren kann. Wir wollen annehmen, daß Sie ein bißchen Zeit herausgeschunden haben und über die Situation nachdenken können. Sie schwanken ein wenig, wissen nicht recht weshalb, fühlen aber deutlich, daß Sie nein sagen wollen. In dieser Situation sagen Sie ganz ruhig zu sich selbst:

»Was ist das Schlimmste, was passieren kann, wenn ich nein sage?«

Und dann beantworten Sie die Frage. Wir können Ihnen versprechen, daß die Konsequenzen nicht annähernd so folgenschwer sein werden, wie Sie vor dem Nachdenken angenommen haben.

Sollten Sie aber immer noch nicht überzeugt sein, können Sie sich fragen:

»Was ist das Beste, was passieren kann, wenn ich nein sage?«

Und nun wägen Sie die Ergebnisse gegeneinander ab und beziehen Stellung.

Wir wollen Ihnen hier zeigen, wie Sie es schaffen können, sich nicht manipulieren zu lassen. Mit aufrichtigen Menschen, denen es fernliegt, andere zu manipulieren, haben wir es zumeist nicht schwer; wir können ihnen auf ebenso ehrliche Art begegnen. Diejenigen aber, die uns − bewußt oder unbewußt − manipulieren wollen, machen uns unsicher. Es sind Leute, die uns auf die Nerven gehen; sie werden aufdringlich, um uns aus dem Konzept zu bringen. Sicheres Auftreten entwaffnet eine solche Manipulation, und der Konflikt wird in der Regel sachlich gelöst.

Etwas schwierigere Übungen

Entdecken Sie Ihre Schwachpunkte. Wann fällt Ihnen das Neinsagen schwer? Handelt es sich dabei um bestimmte

Situationen? Bestimmte Personen? Was tun sie, daß Sie
gegen Ihren Willen zustimmen?

- Stellen sie ihre Fragen fordernd oder drohend? Locken
  oder schimpfen sie?
- Wälzen sie ihre eigenen Probleme auf Sie ab? Verur-
  sachen sie Schuldgefühle?
- Jammern oder schmeicheln sie? Oder behaupten sie,
  daß die Sache ganz, ganz dringend ist?

Gibt es für Sie einen Unterschied zwischen Personen, mit
denen Sie beruflich formalen Kontakt haben (Kollegen
oder Klienten/Kunden), Autoritäten (Vorgesetzte oder
Lehrer) oder gleichgestellten Personen (Verwandte, Freunde oder Nachbarn)? Oder ist der Schwachpunkt gar nicht
an äußere Bedingungen geknüpft? Ist ›nein‹ für Sie ein
häßliches Wort? Spielen Sie gern den Märtyrer? Möchten
Sie alles, was vorgeht, unter Kontrolle haben? Finden Sie
es unangenehm zu widersprechen?

Wenn möglich, besprechen Sie das alles einmal mit
jemandem, zu dem Sie Vertrauen haben. Sie können wertvolle Aufschlüsse über Ihre starken beziehungsweise Ihre
schwachen Seiten erhalten.

Man kann nicht bei allen Leuten beliebt sein. Es gibt
immer Personen, die gegen das, was wir tun, etwas einzu-
wenden haben, oder die uns vielleicht überhaupt nicht
mögen. Ist Ihnen jeder sympathisch, dem Sie begegnen?

Manchmal setzen wir ›unfehlbar sein‹ und ›beliebt sein‹
absolut gleich. Das ist meistens totaler Blödsinn. Haben
Sie die Leute am liebsten, die am meisten können? Die
Saft und Marmelade einkochen und gleichzeitig Karriere
machen und noch zu einer Menge anderer Dinge Zeit
haben? Wohl kaum. Warum also soll es erstrebenswert
sein? Sind Ihnen nicht die Leute wesentlich sympathischer,
die zu ihren Fehlern und Unzulänglichkeiten stehen? Müssen Sie sich mit einem anderen Maß messen als Ihre Mitmenschen?

Denken Sie daran: *Um beliebt zu sein, muß man das Risiko auf sich nehmen, unbeliebt zu sein.*

Setzen Sie sich Lebensziele. Um nicht ein trübsinniger Gewohnheits-Neinsager zu werden, müssen wir zu den Dingen ja sagen lernen, mit denen wir einverstanden sind, und nicht zu dem, was andere Leute uns einreden wollen. Am besten denken Sie einmal über Ihre Lebensziele nach.

Barbro hat sich lange damit auseinandergesetzt. Sie hat erkannt, daß sie sehr oft nicht einmal wußte, was sie wollte. Häufig überkamen sie undefinierbare Unlustgefühle. Wo sie aber selbst nicht wußte, was sie wollte, war es für andere ein leichtes, sie breitzuschlagen.

Für sie kristallisierten sich nach und nach zwei Hauptziele heraus: Sie wollte erstens *Kurse* halten, die irgendwie mit seelisch-geistiger Entfaltung zu tun haben sollten. Ihr zweites Ziel, das sie sich steckte, war, daß sie nicht ausbrennen, sondern sich wohl fühlen wollte, daß sie viel Zeit mit Nils verbringen und ihren Spaß haben wollte! In Anbetracht dieser Ziele wurde es wesentlich leichter, zu den richtigen Dingen ja oder nein zu sagen.

Gleichzeitig erkannte sie, daß sie noch ein heimliches Ziel hatte, das viele Probleme mit sich brachte und sie sehr stark beeinflußte: finanzielle Sicherheit. Etwa zweimal im Jahr packte sie die Angst, sich nicht versorgen zu können. Sie nahm dann planlos Jobs an, die oft schlecht bezahlt waren und die sie gar nicht interessierten. Außerdem übernahm sie sich mit Terminen. (Um immer zurechtzukommen, legt sie nun monatlich einen fixen Betrag auf das Sparbuch und hat sich so einen gewissen Rückhalt geschaffen.)

Es ist wichtig, solche heimlichen, unbewußten Ziele aufzuspüren. Sie könnten sonst die bewußt gesetzten Ziele sabotieren.

Seien Sie auf Konsequenzen vorbereitet. Es ist leichter, ja zu sagen, zu gehorchen, einsatzbereit zu sein und was sonst noch dazugehört. Wenn Sie also anfangen abzulehnen, kann Ihre Umgebung darauf sauer und erstaunt reagieren. Aber das geht vorüber. Nach einiger Zeit wird uns – ganz entgegen unseren Befürchtungen – vielfach Respekt entgegengebracht, wenn wir Grenzen zu ziehen verstehen und auf eine gute Art nein sagen können.

Lernen Sie selbst ein Nein anzunehmen. So wie wir behandelt werden wollen, müssen wir auch andere behandeln. Wir dürfen den andern nicht in Frage stellen, uns am Kollegen rächen oder ihn kaltstellen. Auch unser Gegenüber ist klug und urteilsfähig.

Nina besuchte vor über zehn Jahren einen Kurs. An diesem Kurs nahm auch eine Frau teil, die beruflich für Gehaltsverhandlungen zuständig war. (Damals fand Nina solche Leute einfach toll.) Nina fragte sie also, ob sie nicht einmal zusammen essen gehen könnten, um sich ein wenig besser kennenzulernen. Da antwortete diese Frau:

»Nein, leider! In meinem Leben passiert so viel, und ich habe so viele Freunde, die ich schon jetzt vernachlässige, ich habe im Moment in meinem Leben einfach nicht Platz für mehr.«

Nina blieb die Spucke weg. Sie war vor den Kopf gestoßen, gekränkt und traurig – zeigte es aber nicht. Sie wurde mit diesen Gefühlen lange nicht fertig, aber nach und nach kam der Respekt. Diese andere Frau hatte den Mut gehabt, nein zu sagen und es klar und deutlich zu begründen. Mit der Zeit konnte Nina das akzeptieren.

Affirmationen

Ich ... respektiere mich selbst, wenn ich nein sage.
Ich ... respektiere andere, wenn sie nein sagen.
Ich ... habe das Recht, meine Entschlüsse zu ändern.

Kluge Gewohnheiten

In diesem Kapitel haben wir schwierigere Richtlinien gesammelt, die alle Veränderungen in Ihrem Lebensstil voraussetzen. Versuchen Sie nicht, *sämtliche* guten Ratschläge zu befolgen, die wir Ihnen geben. Wir wollen nur verschiedene Alternativen aufzeigen! Wählen Sie also bitte die aus, die Ihnen geeignet erscheinen.

Was immer Sie wählen, vergessen Sie nicht, daß keine dieser Methoden besser ist als die andere. Und fallen Sie nicht auf den Spruch von der ›einzig richtigen‹ Methode herein. Wählen Sie selbst, kombinieren Sie frisch drauflos, und behalten Sie immer nur sich selbst im Auge. Ihre Wahl soll Spaß machen.

Bewegung

Früher, als das Leben noch eng mit der Natur verbunden war, hatte der Mensch, ohne viel darüber nachzudenken, Bewegung genug. Die meiste Zeit verbrachte er damit, für Nahrung zu sorgen und sie zuzubereiten. Außerdem mußte dafür gesorgt werden, daß jeder es im Winter warm hatte. Das natürliche Bewegungsbedürfnis wurde im täglichen Lebensrhythmus zufriedengestellt.

Heutzutage verbringen wir die Zeit, in der wir wach sind, meist sitzend: in Autos, Zügen oder Bussen und auch bei der Arbeit. Zu Hause machen wir es uns beim Fernsehen gern auf dem Sofa bequem, und danach schleppen wir uns gähnend ins Bett. Morgens wachen wir auf und fragen uns erstaunt, warum wir keine Energie im Leib haben.

Ein kurzer Blick auf unseren Körper genügt, um zu begreifen, warum es wichtig wäre, sich Bewegung zu verschaffen. Unser Lymphsystem zum Beispiel hat u. a. die Aufgabe, Schlacken aus unserem Körper abzutransportieren. Es gibt aber keine Pumpe, die dieses System antreibt. Damit das Lymphsystem funktioniert, müssen wir uns bewegen, und zwar recht lebhaft!

Um uns wohlzufühlen und klar denken zu können, muß Sauerstoff durch alle Teile unseres Körpers fluten. Dieses Durchströmen ist sehr wichtig. Das ist auch der Grund, warum die Atemtechnik z.B. bei vielen Yoga-Übungen eine so große Rolle spielt.

Eine der besten Maßnahmen, zu größerem Wohlbefinden zu kommen, ist mehr Bewegung. Das heißt nicht, daß Sie Morgen für Morgen losjoggen, obwohl Sie es verabscheuen. Bewegung muß Spaß machen. Vielleicht spielen Sie lieber mit Ihren Kindern Verstecken, hacken Holz oder gehen tanzen. Auch die Liebe macht den Körper rosig — aber leider verschafft sie keine bessere Kondition. (Höchstens die Lust, sich bessere Kondition zu verschaffen.)

Es gibt Leute, die sich ununterbrochen bewegen, ohne sich menschlich weiterzuentwickeln. Sie tun es, weil sie einen schönen, durchtrainierten Körper für wichtig halten. Sehr vereinfacht: Wenn wir den Körper als Hülle betrachten, dann ist die Psyche der Inhalt, und wir brauchen eine ausgeglichene Entwicklung beider Seiten.

Nina braucht täglich mindestens eine Stunde Bewegung. Sonst wird sie zappelig, rastlos und schläft schlecht. Sie baut, während sie Rad fährt oder Dauerläufe macht, viele Aggressionen und Frustrationen ab. Sie neigt außerdem zur Rundlichkeit und fühlt sich mit einem zu schweren Körper nicht wohl. Zu alldem hat Nina Probleme mit ihren Gelenken, die beweglicher und geschmeidiger werden, wenn sie sich Bewegung verschafft.

Leider reicht es nur ganz selten zu einer vollen Stunde täglich. Manchmal kommt sie wochenlang überhaupt nicht dazu; aber irgendwann hält Nina es dann ohne Bewegung nicht mehr aus.

Viel zu viele von uns erinnern sich mit Schrecken daran, wie sie im Turnen nicht über den Bock kamen oder als letzte in die Völkerballmannschaft gewählt wurden. Schleppen Sie solche Erlebnisse mit sich herum, ist es besonders wichtig, daß Sie so lange suchen, bis Sie die richtige Bewegungsart für sich persönlich finden. Lassen Sie sich ruhig Zeit. Probieren Sie verschiedene Möglichkeiten aus, und achten Sie genau darauf, wie Sie sich danach fühlen. Fangen Sie nicht mit aller Gewalt an, Sport zu treiben. Eine Viertelstunde täglich oder auch nur jeden zweiten Tag reicht für den Anfang. Sie können allmählich mehr Zeit dafür aufwenden.

Affirmationen

Ich... schenke mir und meinem Körper Zeit.
Ich... schenke meinem Körper die Bewegung, die er braucht.
Ich... genieße das Laufen/Schwimmen/Radfahren...

Ernährung

Wieviel Streß und Belastungen wir aushalten, kann auch von dem Essen abhängen, das wir zu uns nehmen. Nicht nur körperlich, sondern auch geistig. Wir leisten mehr, werden fröhlicher und lassen uns von Mißerfolgen weniger bedrücken.

Die Nahrung baut unseren ganzen Körper auf: Augenbrauen, Nägel, Leber, Zähne, Gehirn, Knochenbau, Haare, Haut, Wimpern... alles.

Sehr, sehr oft signalisiert uns der Körper, welche Speisen gut für uns sind und welche nicht. Da jedoch der Mund konservativ ist, ändern wir unsere Eßgewohnheiten nur ungern. Allmählich spricht es sich aber auch bis zu uns herum, daß wir unsere Eßgewohnheiten ändern sollten. Wir essen viel zuviel, und außerdem nehmen wir die falsche Nahrung zu uns. Äußerst wenige Menschen leisten wirklich körperliche Schwerarbeit, wie z. B. Holzfäller — aber die meisten essen, als übten sie diesen Beruf aus. Viel zuviel Fett, zuviel Zucker und zuviel Fleisch.

Daß wir unseren Fettkonsum einschränken sollen, wissen die meisten Menschen. Ebenso den Zuckerkonsum. Aber was das Fleisch anbelangt, herrschen geteilte Meinungen. Manche Ernährungsfachleute sagen, wir müßten wegen der Proteine, also der Eiweißstoffe, die den Körper aufbauen, viel Fleisch essen, und sie behaupten, daß nur Fleisch vollwertige Proteine enthält. Andere Experten wiederum behaupten, daß wir vollwertige Proteine aufnehmen, wenn wir Reis, Kartoffeln, Bohnen und Brot in sinnvoller Zusammenstellung essen. (Das alles müssen Sie leider auf eigene Faust lernen, weil dafür hier der Platz fehlt!)

Wer nicht ganz auf Fleisch verzichten will, kann die Fleischmenge einschränken oder weniger ›dunkles‹ Fleisch essen — also Rind- und Schweinefleisch — und sich mehr an ›weißes‹ Fleisch halten — also Geflügel und Fisch.

Die berühmte Nahrungskette ist an sich ein guter Ausgangspunkt. Es stimmt, daß sich unsere Ernährung aus allen Teilen dieser Nahrungskette zusammensetzen muß, damit wir die für uns notwendigen Stoffe aufnehmen. Wir können aber das Fleisch reduzieren und die Menge an Gemüse, Brot, Reis, Bohnen und Kartoffeln erhöhen.

Vieles von dem, was in Lebensmittelgeschäften verkauft wird, trägt die Bezeichnung Eßwaren, ist aber trotzdem keine menschenwürdige Nahrung. Farbstoffe, Gifte, Emulgatoren, Konservierungsmittel und außerdem Unmengen Zucker und Fett sind darin enthalten. Die Tiere, deren Fleisch wir essen, werden unter Bedingungen großgezogen, die den Konzentrationslagern des Zweiten Weltkriegs gleichen. Das alles geschieht im Namen von Rationalität und Hochtechnologie. Wir scheinen Nahrungsmittel danach auszuwählen, was gut schmeckt, wenig kostet, appetitlich und farbschön aussieht und ganz einfach zum ›normalen‹ Speisezettel gehört.

Wir beide sind der Ansicht, daß die Menschen früherer Zeiten sich in höherem Maß auf ihre Geschmackspapillen verlassen, ihren Körper besser verstehen konnten und eben das aßen, was sie brauchten. Damals gab es allerdings weder Chips noch Coca-Cola. Wir sollten versuchen, zu dem zurückzufinden, was unser eigener Körper wirklich braucht, und uns weniger von all den wohlschmeckenden Giften verleiten lassen.

Nina ißt mittags nie dunkles Fleisch, sondern nur ab und zu ein wenig weißes. Das ganz einfach deshalb, weil sie sonst noch Stunden danach keine wie immer geartete kreative Arbeit leisten, sondern höchstens den Schreibtisch aufräumen oder Blumen gießen kann.

Barbro machte die Entdeckung, daß es ihr wesentlich besser bekam, wenn sie Gemüse und Fisch aß. Sie strich resolut jegliches Fleisch und auch Wurst vom Speisezettel. Sie erkannte, daß es wichtiger ist, Speisen zu essen, die ihr gut bekommen, als solche, die ihr schmecken. Ihre Magenbeschwerden verschwanden wie durch Zauber. (Man glaube nur ja nicht, vegetarisches Essen schmecke in irgendeiner Weise weniger gut; es schmeckt nur anders.)

Keine von uns beiden könnte sich vorstellen, zu den alten Eßgewohnheiten zurückzukehren. Freilich schwelgen wir ab und zu in gut zubereiteter italienischer Küche, die wirklich nicht zum Fettärmsten und Gesündesten zählt. (Es soll eben nicht zu spartanisch zugehen, denn Kaninchen wollen wir schließlich alle nicht werden!)

Hier einige allgemeine Ratschläge, die Sie annehmen können oder auch nicht – ganz wie Sie wollen.

Vermeiden Sie Stimulantien. Vermeiden Sie anregende Mittel wie Kaffee, Tee und raffinierten (normalen weißen) Zucker. Es kann leicht passieren, daß Sie zu sehr angeregt werden und damit Ihren Körper überfordern. Es gibt gute Kräutertees und Kaffee-Ersatzmittel, die Sie mit Honig süßen können. Natürlich wissen Sie, daß Bonbons und Schokolade gestrichen werden müssen; ebenso sind Nikotin und Alkohol zu meiden. Wenn Sie das alles reduzieren, nimmt der Körper die Nährstoffe aus der gesunden Kost viel leichter auf.

Essen Sie lebende Nahrung. Sehen Sie zu, daß Sie mehr lebende Dinge essen, also Nahrungsmittel, denen ihre Kraft noch innewohnt: rohes oder gedämpftes Gemüse, Obst und Vollkornkost. Essen Sie mehr Fleisch von Tieren, denen hier auf Erden ein glückliches Leben beschieden war, z. B. Lämmer, die ohne Antibiotika und andere Chemikalien aufwachsen durften. Konservierte Nahrungsmittel oder solche, die mehrere Veredelungsprozesse durchlaufen haben, besitzen kaum noch Lebenskraft. Es müssen noch so viele Enzyme wie möglich vorhanden sein. Sie bewirken, daß unser Körper die Nährstoffe aufnimmt, die er braucht.

Beginnen Sie, wöchentlich eine Mahlzeit gegen etwas auszutauschen, das Sie ausprobieren wollen. Halten Sie sich nicht für ›unvernünftig‹, wenn Sie ein paar ›schlechte Gewohnheiten‹ beibehalten, also etwa weiterhin Kaffee oder etwas Wein trinken. Sehen Sie lieber das Positive, das Sie schon erreicht haben. Um seine Eßgewohnheiten zu ändern, ist es notwendig, sich realistische Teilziele vorzunehmen und sich Zeit zu lassen.

Affirmationen

Ich ... esse, was mein Körper braucht, und das tut mir gut. Es ist einfach und macht Spaß, neue Gewohnheiten auszuprobieren. Ich mache in allem gute Fortschritte!

Entspannung

Entspannung ist das Tor, das wir durchschreiten, wenn wir unserem Körper und unserem Inneren begegnen wollen. Hier finden wir die Ruhe, die uns befähigt, besser auf innere Signale zu hören. Durch Entspannung befreien wir unseren Körper wirkungsvoll, gefahrlos und rasch von Streß. Danach können wir wieder klar denken, und es eröffnen sich uns neue Möglichkeiten.

Wir beide machen keinen Unterschied zwischen körperlicher und geistiger Entspannung. Als Nina mit entsprechenden Übungen begann, wählte sie einen einfachen Weg, nämlich das Tonband. Allein die Tatsache, sich für ein paar Minuten von der Arbeit loszureißen, war ihr genug. Die Aufforderung, sich selbst Anweisungen zu geben, wie: »Fühle, wie dein rechter Fuß sich entspannt«, war zum Scheitern verurteilt. Die Gedanken schnappten wie Seemöwen nach dem Gebotenen. Mit Hilfe des Tonbands war es erlaubt, sich hinzulegen und einfach ›faul‹ zu sein, denn man wußte ja genau, wieviel Zeit eingeplant war.

Für Barbro kam die große Wende 1983. Nina hatte ihr ein Tonband für Yoga-Entspannungsübungen geborgt, und Barbro war fest entschlossen, ihre Lebensweise zu ändern. Fast zwei Jahre waren vergangen, ohne daß sie etwas gegen die Gefahr auszubrennen unternommen hatte. Fest entschlossen warf sie sich auf die Couch und schaltete das Band ein...

Danach hatte sie ein Gefühl wie im Sonnenschein nach Regen. Eine geistige Dusche. Erfrischt, ruhig und mit neuen Gedanken erhob sie sich und konnte Lösungsmöglichkeiten für alles, was sich verheddert hatte, weitaus leichter finden.

Mit Hilfe regelmäßiger Entspannungsübungen konnte sie schön langsam damit anfangen, auch ihre schwachen Seiten zu entwirren. Ohne wäre es nicht gegangen. Bald fing sie mit Visualisierungsübungen an.

Leider ist es, wenn Körper und Seele förmlich nach Ruhe schreien, verführerisch, zu künstlichen Entspannungsmöglichkeiten zu greifen. Alkohol und Beruhigungstabletten bringen unmittelbar Erfolge, sind aber auf die Dauer sehr schädlich. Manche Menschen flüchten sich ins Gesellschaftsleben oder viele sexuelle Beziehungen. Diese künstlichen Rettungsringe bringen nichts. Sie werden recht bald zu ›Mühlsteinen‹.

Immer mehr Untersuchungen bestätigen die positiven Auswirkungen der Entspannung. Sie zeigen auf, daß wir uns weit wohler fühlen und daß alles, was wir tun, von höherer Qualität ist.

Sven Setterlind hat eine Dissertation über das Thema ›Streß und Entspannung in der Schule‹ geschrieben. Eine Gruppe von zwölf- bis siebzehnjährigen Schülern führte sechs Wochen lang zwei- bis dreimal wöchentlich ein Entspannungstraining von je zehn Minuten durch. Der Autor konnte auf folgendes Ergebnis verweisen: Die Schüler standen weniger unter Streß und waren viel konzentrierter. Und die Erfolge stellten sich vor allem bei den besonders ängstlichen Kindern ein. Zudem sagten die Jugendlichen aus, daß das Lernen ihnen wesentlich leichter fiel, daß sie besser schliefen und weit weniger zerfahren waren als bisher.

Da ähnliche Untersuchungen an Erwachsenen im Arbeitsleben noch nicht vorliegen, müssen wir uns auf die Annahme stützen, daß Entspannungsübungen auch für uns gut sind. Wer einfach dasitzt und auf Veränderungen wartet, macht sich vorzeitig fertig. Wir müssen selbst den ersten Schritt zur Veränderung tun und im Rahmen der uns gegebenen Möglichkeiten handeln. Tun wir das, dann kann viel geschehen.

Wir wollen hoffen – und stellen gleichzeitig die Forderung, daß an den Arbeitsplätzen der Zukunft ein Ruheraum, der der Erholung dient, zur Selbstverständlichkeit wird. Er muß genau so zum Standard gehören wie heute Telefon und Pausenräume.

Besonders wichtig sind solche Ruheräume für Menschen, die beruflich mit anderen Menschen Probleme aufarbeiten – sie verwenden ja sich selbst als Arbeitsgerät. Wer ein Skirennen bestreitet, muß sich hinterher ausruhen. Wer mit problematischen Menschen arbeitet, muß sich auch ausruhen können, um sehr persönlichen und tiefgehenden Begegnungen gewachsen zu sein.

Entspannen Sie sich. Es gibt viele verschiedene Möglichkeiten, sich zu entspannen. Gemeinsam ist allen Methoden, daß sie die Fähigkeit trainieren, ruhig zu werden und die Muskeln zu entspannen. Hand in Hand damit geht die psychische Entspannung. Eine Kombination mit positivem Denken und Visualisierungen ist möglich.

Setzen oder legen Sie sich bequem hin. Nehmen Sie sich fünf bis zwanzig Minuten Zeit, und sorgen Sie dafür, daß Sie nicht gestört werden. Nehmen Sie den Telefonhörer ab, und hängen Sie einen Zettel an die Tür. Nichts ist im Moment so wichtig, daß es gerade jetzt erledigt werden muß und nicht ein paar Minuten warten kann.

Entweder legen Sie eine Kassette ein, oder Sie geben sich die Anweisungen selbst. Gehen Sie die einzelnen Körperteile durch und sehen Sie zu, daß sie entspannt sind. Wenn die Gedanken losgaloppieren – unternehmen Sie nichts dagegen. Entspannen Sie sich in aller Ruhe weiter, und ärgern Sie sich nicht über Ihre mangelnde Konzentration.

Manche Übungen beginnen damit, daß Sie eine feste Faust machen und sie dann langsam lockern. Der Unterschied zwischen Spannung und Entspannung wird dadurch deutlich. Auch die Vorstellung, wie schwer, warm oder kalt die verschiedenen Teile des Körpers sind oder welche Farben sie haben, dient der körperlichen Entspannung und befreit die Psyche von Gedanken.

Manche Methoden verlegen den Schwerpunkt auf die Atmung. Sie entspannen sich, indem Sie Ihre Aufmerksamkeit auf das Atmen richten. Bei dieser wirksamen Methode können wir uns ohne Tonband entspannen.

Machen Sie aus Ihrer Entspannungsübung eine regelmäßige Gewohnheit. Sie wirkt vorbeugend, und vor allem ist das Risiko weitaus geringer, daß Sie sie gerade dann weglassen, wenn Sie sie am meisten nötig haben. Probieren Sie jede Methode wenigstens zwei Wochen lang aus. Am besten mehrmals täglich. Sie werden bald merken, welche Ihnen am besten hilft.

Überspielen Sie selbst geeignete Entspannungsübungen auf Band. Bestimmen Sie selbst die Länge der Pausen, die

Sie brauchen. (Wir markieren sie im folgenden durch Pünktchen...) Das Gesamtprogramm soll 5 – 15 Minuten dauern, ganz wie Sie wollen. Nehmen Sie folgenden Text auf:

»Leg dich bequem hin. Deine Kleider dürfen dich nirgends beengen. Entspanne dich... nichts wird dich stören... Laß jeden Gedanken an Probleme los... nichts ist jetzt wichtig... alles kann warten...

Schließe die Augen und richte deine Gedanken nach innen... Spüre deinen Körper... Achte auf deine Atmung, ändere sie aber nicht... Du beobachtest deinen rechten Fuß... Fühle, wie entspannt der Fuß ist... Der rechte Unterschenkel ist entspannt... Knie... Oberschenkel...

Du beobachtest deinen linken Fuß... Fühle, wie entspannt der Fuß ist... der linke Unterschenkel... Knie... Oberschenkel...

Fühle, wie angenehm entspannt beide Beine sind... beide Füße... Unterschenkel... Knie... Oberschenkel...

Du beobachtest nun deine rechte Hand... Fühle, wie entspannt die Hand ist... der rechte Unterarm... ist entspannt... Ellbogen... Oberarm...

Du beobachtest nun deine linke Hand... Fühle, wie entspannt die Hand ist... der linke Unterarm... ist entspannt... Ellbogen... Oberarm...

Fühle, wie entspannt beide Arme sind... die Hände... die Unterarme... Ellbogen... Oberarme...

Du beobachtest nun dein Becken... und fühlst, wie es

sich entspannt... das Geschlecht... der Bauch... der ganze Brustkorb... Rücken... Schultern... Nacken... Hals...

Nun beobachtest du den Kopf... Fühle, wie dein Kopf sich entspannt... die Ohren... Kiefer... Zunge... Bakken... Augen... Stirn... Kopfhaut...

Fühle... nun ist dein ganzer Körper entspannt... mein ganzer Körper... mein ganzer Körper...

Fühle, wie entspannt dein rechtes Bein ist... rechtes Bein... linkes Bein... beide Beine... Fühle den rechten Arm... rechten Arm... linken Arm... linken Arm... beide Arme... Fühle beide Fußsohlen... beide Handflächen... Fühle, wie entspannt dein ganzer Rumpf ist... der ganze Rumpf... ganze Kopf... ganze Kopf... Fühle, wie dein ganzer Körper ruht... er ist ganz entspannt...

Gut und ruhig... gut und ruhig... ruhig... gut... ruhig... ruhig...«

Wenn Sie möchten, können Sie noch einige Affirmationen durchdenken oder einfach in diesem entspannten Zustand verweilen...

»Kehre langsam wieder in die äußere Wirklichkeit zurück... Du kannst die Füße ein bißchen bewegen... und die Hände... atme dreimal tief durch... eins... zwei... drei... Öffne die Augen, und sei wieder ganz in der normalen Umgebung...«

Meditation

Auch Meditation verhilft uns zu Harmonie und innerem Gleichgewicht. Hier liegt das Hauptgewicht auf geistiger

Streßlockerung. Mit entspanntem Körper wendet man sich in wachem Zustand nach innen. Es entstehen dabei nicht vage, weltfremde Illusionen, sondern Meditation hilft uns im Gegenteil, leichter im Jetzt zu leben.

Schon seit Jahrhunderten wird unter den verschiedensten Aspekten meditiert. Viele Religionen bedienen sich dieser bewährten Methode, um den Menschen zum Hineinhorchen in das eigene Innere zu bewegen. Man kann Meditation aber ebenso gut als praktisches Werkzeug im Alltag verwenden, um seine innere Stimme deutlicher wahrzunehmen.

Nina lernte zu meditieren, als es ihr sehr schlecht ging. Sie hatte seit Monaten an Gelenksentzündungen gelitten und alles nur Mögliche ausprobiert, angefangen vom normalen Krankenhausaufenthalt mit traditioneller Heilbehandlung bis hin zur Akupunktur und Homöopathie. Aber nichts hatte geholfen.

Bei mit Therapie gekoppelter Meditation besserte sich ihr Zustand in nur wenigen Wochen wesentlich. Die Blutsenkung, die lange bei 90 gelegen hatte (normal muß sie unter 10 liegen), ging binnen 14 Tagen auf 40 herunter. Die Langzeitwirkung war geistiger Natur. Nina

- bekam größeren Abstand zu sich selbst
- geriet nicht mehr so schnell in Streßsituationen
- konnte anderen besser zuhören
- merkte, daß sich ihr Humor wieder einstellte
- konnte die Dinge großzügiger beurteilen
- wurde kreativer
- wurde ruhiger.

Barbro berichtet:

»Mein größter Gewinn durch Meditation ist, daß ich abends vor dem Einschlafen nicht mehr Probleme wälzen muß — was früher immer der Fall war. Höre ich mit meinen Meditationsübungen auf, kreisen die Gedanken wieder um Alltägliches. Wenn wir uns Sorgen machen, vergeuden wir unendlich viel Energie.

Ich halte es mit der alten Frau, die da sagte: ›Ich habe in meinem Leben eine Menge Kummer und Sorgen gehabt, aber aus den meisten ist nie was geworden...‹«

Es gibt viele verschiedene Arten der Meditation. In einer Form der Yoga-Meditation konzentriert man sich auf die Atmung. Bei anderen Methoden konzentriert man das Denken auf etwas Gegenständliches, zum Beispiel eine Kerzenflamme oder eine Blume. In der Transzendentalen Meditation (TM) wiederholt man in Gedanken ein Mantra; das ist eine Lautkombination, die keine Assoziationen zu einem Wortbegriff gibt.

Das Meditieren kann man in Kursen lernen. Wir empfehlen Ihnen den Besuch eines solchen Lehrgangs. Die richtige Einführung ist wichtig, weil Sie sich leicht festfahren können und wissen müssen, wie man damit umgeht. In der Literaturliste finden Sie Bücher, die das alles eingehender behandeln.

Wir möchten Ihnen hier ein paar einfache Übungen zeigen, die auf dem Prinzip der Meditation beruhen:

Zählen. Setzen Sie sich bequem aufrecht hin. Legen Sie die Hände auf die Knie, und schließen Sie die Augen. Beine nicht kreuzen, es behindert die Durchblutung.

Nehmen Sie die Geräusche um sich herum wahr und akzeptieren Sie, daß sie vorhanden sind. Lassen Sie sie, wie sie sind, und sagen Sie sich selbst, daß sie Sie nicht stören.

Beobachten Sie Ihre Atmung, ohne sie zu verändern.

Fangen Sie an, die Atemzüge zu zählen: 1... 2... 3... usw. bis acht. Beginnen Sie wieder von vorn, und machen Sie ruhig und gleichmäßig weiter. Damit kommt das Denken zur Ruhe.

Lassen Sie Gedanken ruhig kommen. Werfen Sie sich nicht vor, die Konzentration zu verlieren. Die auftretenden

Gedanken müssen heraus. Kehren Sie in aller Ruhe zum Zählen zurück, und fangen Sie wieder bei eins an.

Bleiben Sie fünf bis zehn Minuten – oder auch länger – so sitzen, wenn Sie spüren, daß Sie es brauchen. Positiv wirkt sich aus, wenn Sie täglich zweimal 15 Minuten meditieren. Hören Sie mit dem Zählen auf, und bleiben Sie mit geschlossenen Augen sitzen.

Nach etwa einer Minute können Sie die Augen öffnen und in den Alltag und zu Ihrer Arbeit zurückkehren.

Atmen. Sitzhaltung wie bei der ersten Übung. Richten Sie Ihre Gedanken nach innen. Beobachten Sie Ihre Atmung, ohne sie zu ändern.

Achten Sie darauf, ob Sie ein ungutes Gefühl, eine Spannung oder etwas anderes spüren, was Ihnen nicht angenehm ist und was Sie gern loswerden möchten.

Stellen Sie sich vor, daß Sie mit jedem Ausatmen etwas wegblasen, das Sie nicht haben wollen. Stellen Sie sich das, was Sie loswerden wollen, bildhaft vor, und lassen Sie es dabei verschwinden. Wiederholen Sie die Übung mehrere Male.

Überlegen Sie in aller Ruhe, ob Sie etwas vorziehen, zum Beispiel Ruhe, klare Gedanken oder neue Ideen. Stellen Sie sich das bildhaft vor, wenn Sie einatmen.

Bei jedem Einatmen stellen Sie sich vor, wie das, was Sie haben wollen, in Sie einströmt.

Stellen Sie sich also beim Ausatmen immer vor, wie Sie das wegblasen, was Sie nicht haben wollen, und wie das, was Sie lieber haben möchten, beim anschließenden Einatmen in Sie einströmt. Wiederholen Sie diese Übung so lange, bis Sie fühlen, daß es Ihnen besser geht.

Beenden Sie diese Gedankengänge. Konzentrieren Sie sich etwa eine Minute lang nur noch auf die Atmung. Jetzt sind Sie bereit, dem Alltag wieder zu begegnen.

Affirmationen

Ich... habe Zeit zur Entspannung/Meditation.
Entspannung/Meditation gibt mir... Ruhe und Energie.
Entspannung/Meditation ist ein natürlicher Teil meines Lebens.

Affirmationen

Für den Umgang mit den von uns vorgeschlagenen zehn Punkten möchten wir noch eine einfache Hilfe geben: das positive Denken – die Affirmationen.

Wir nehmen in unsere Affirmationen – also unsere durchwegs positiven Behauptungen – Träume, Ziele und Hoffnungen mit herein. Es genügt aber nicht, Positives nur zu wünschen, zu wollen und zu denken. (Dann hätten wir ja überhaupt nie Probleme, oder?) Es ist wichtig, den Schwierigkeiten direkt ins Auge zu sehen – um sich für alle Zukunft von ihnen zu befreien.

Nicht immer sind es die bewußten Gedanken, die uns und unser Leben lenken. Dem Menschen ist nun einmal Bewußtsein und Unterbewußtsein gegeben. Darum muß jeder von uns gründlich dem nachspüren, was eine innere Stimme uns sagt. Dort wimmelt es von Vorstellungen über das, was möglich und das, was unmöglich ist: »Ich darf nicht« – »Ich kann nicht« – »Ich sollte« – »Ich muß«.

Dort leben auch unsere negativen Gedanken und Vorstellungen: »Ich bin nicht gut genug« – »Keiner mag mich« – »Ich bin häßlich/dumm/faul«.

Der Vergleich mit einem Kahn drängt sich auf. Er schaukelt auf dem Wasser und wird durch den Anker am Grund festgehalten. Wir können wie verrückt rudern und kommen nicht vom Fleck, solange wir den Anker nicht lichten.

Genauso ist es mit persönlichen Veränderungen. Wir können positiv denken und wünschen und probieren, ohne daß etwas geschieht. Solange wir nämlich den Dingen nicht auf den Grund gehen und uns nicht mit den vielen versteckten, lähmenden Neins und mit den negativen Gedanken über uns selbst und das Leben auseinandersetzen, entwickeln wir uns nicht weiter.

In unserem Inneren befinden sich auch starke, positive Kräfte, die uns bei der Weiterentwicklung helfen. Diese Kräfte wecken wir durch Affirmationen. Wenn wir die Affirmation – also die positive Behauptung – laut aussprechen, befördern wir die unbewußten Neins und Widerstände an die Oberfläche und haben somit die Chance, sie auf bewußter Ebene aufzuarbeiten. Wir müssen daran glauben, daß wir ein positives Ziel erreichen können. Erst dann haben wir den Mut, aufkommende Einwände anzuhören.

Eigene Affirmationen

Denken Sie über einen Lebensbereich nach, in dem Sie sich eingeengt fühlen oder wo Sie irgend etwas verändern wollen. Es kann Ihnen z. B. schwerfallen, Ihre Gefühle zu zeigen. Formulieren Sie in dieser Richtung einen positiven Gedanken. Er soll

- positiv, einfach
- eine kurzgefaßte Behauptung
- in der Gegenwart (Präsens) formuliert sein
- und Ihren Namen enthalten.

Beispiel: Ich, Barbro, wage meine Gefühle zu zeigen.

In der Regel soll die Affirmation positiv formuliert sein, da sie ein Ziel ausdrücken muß, das Sie erreichen wollen.

Sie darf also nicht das enthalten, was Sie nicht mehr haben wollen, also z. B. »Ich, Barbro, halte meine Wut nicht mehr zurück«. Formulieren Sie statt dessen positiv, also z. B. »Ich, Barbro, wage zu zeigen, wenn ich wütend bin«. (›Positiv formulieren‹ bedeutet nicht, daß Sie sich nur ›zahme‹ Ziele stecken dürfen. Wut ist eines von vielen menschlichen Gefühlen.)

Formulieren Sie Ihre Aussage immer in der Gegenwartsform (Präsens). Erst wenn Sie sich hineinversetzen, wie es wäre, wenn Sie die Fähigkeit *jetzt* hätten, kommen Ihre Neins und Ihre Abwehr deutlich hoch. Die Vorstellung ist nicht besonders bedrohlich, daß Sie in zehn Jahren nein sagen können werden. Damit verschieben Sie Ihr Problem nur auf spätere Zeiten.

Sie können etwas, das Sie als unüberwindliches Hindernis empfinden, kleinkriegen wollen. Zum Beispiel wenn Sie Ihren Zorn immer sehr stark unterdrücken, können Sie den Gedanken so formulieren:

»Ich, Barbro, werde nicht mehr rot, wenn ich unsicher bin. Ich habe den Mut, mich so zu zeigen, wie ich bin.«

Damit zeigen Sie sich, wie genau Sie wissen, daß Sie sich selbst im Weg stehen, und Sie sagen sich gleichzeitig, was Sie jetzt erreichen wollen. Das hilft Ihnen beim Lichten des Ankers ganz schön weiter.

Wollen Sie die Wirkung der Affirmation verstärken, dann stellen Sie sich während einer leichten Entspannungsphase ein Bild vor, in dem Sie sich selbst als den sehen, der das Ziel schon erreicht hat. Achten Sie auch auf die Geräusche, die Sie hören und fühlen, wenn die neue Situation für Sie zur Selbstverständlichkeit wird. Je mehr Sie Ihre Sinne aktivieren, desto besser.

Es ist gut, wenn die von Ihnen formulierte Affirmation starke Gefühle in Ihnen weckt und Sie zum Handeln drängt. Möglicherweise kommt gewaltiger Widerstand in

Ihnen auf: »Das werde ich nie können!« Oder Sie spüren deutlich, daß es wichtig ist, das Ziel Ihrer Wünsche zu erreichen. Der Widerstand ist oft nichts anderes als der Anker am Grund des Sees.

Der Wunsch muß nach Ihrem Gefühl das Richtige für Sie sein! Daher sind alle Affirmationen in diesem Buch nur Vorschläge, an denen Sie so viel herumändern können, wie Sie wollen.

Es ist wichtig, im Umgang mit den Affirmationen alle Zweifel an der Methode zu beseitigen. Versuchen Sie, der Methode zu vertrauen, geben Sie ihr eine ehrliche Chance (im Vergleich mit anderen Methoden). Jede neue Methode hat ihre Tücken und wirkt zunächst lückenhaft, lächerlich oder wirklichkeitsfern.

Ein Affirmationsvorgang besteht aus drei verschiedenen Behauptungen. Sie werden in der ersten, zweiten und dritten Person formuliert. Der Vorgang sieht so aus:

Ich, Barbro, wage meine Gefühle zu zeigen.
Du, Barbro, wagst deine Gefühle zu zeigen.
Barbro wagt es, ihre Gefühle zu zeigen.

Durch diesen Vorgang wird das positive Ziel zusätzlich in Ihnen gefestigt und das Negative abgebaut, das Sie über sich gehört haben. In Ihnen stecken noch alte Verhaltensmuster, weil Sie oft genug von anderen gehört haben: »Du bist unmusikalisch« – »Die ist der typische Elefant im Porzellanladen«...

Nehmen Sie sich immer nur eine oder einige wenige Affirmationen auf einmal vor. Beschäftigen Sie sich nach Möglichkeit jeden Tag damit. Die beste Zeit sind die Morgenstunden, wenn Sie noch vom Nachtschlaf entspannt sind, oder aber abends kurz vor dem Einschlafen. Ihr Unterbewußtsein kann sich dann mit diesen Gedanken beschäftigen.

Die ergiebigste Art der Beschäftigung mit Affirmationen ist, sie niederzuschreiben. Dabei sind fast alle Ihre Sinne beteiligt: Gesicht, Gefühl und Gehör (Sie müssen nur die Gedanken beim Schreiben laut aussprechen).

Schreiben Sie jeden Affirmationsvorgang (erste, zweite, dritte Person) fünfzehnmal hintereinander auf. Es ist von Vorteil, wenn Sie gut leserlich und mit Farben auf sauberem, ordentlichem Papier schreiben. Es erhöht die Freude an der Arbeit.

Sprechen Sie Ihre Affirmationen mit gefühlvoller Betonung laut und deutlich aus, und machen Sie sich jedes einzelne Wort bewußt, wenn Sie sich mit Ihrem guten Vorsatz beschäftigen. Ändern Sie ruhig nach und nach die Formulierung, wenn Ihnen andere Wörter richtiger erscheinen als die ursprünglichen.

Sie erkennen Ihre innersten Widerstände, die Ihnen bisher vielleicht verborgen gewesen sind. Halten Sie jedes Nein und jeden Einwand fest! Sie können es so handhaben, daß Sie Ihre guten Vorsätze auf die linke Seite des Bogens schreiben. Ziehen Sie einen senkrechten Strich, und schreiben Sie die Einwände rechts davon auf. Schreiben Sie ganz spontan alle Einwände, Zweifel und Neins auf, die Sie in sich spüren.

Beispiel:

Ich, Barbro, wage meine Gefühle zu zeigen.	Ha! Stimmt ja gar nicht!
Du, Barbro, wagst deine Gefühle zu zeigen.	Und wer behauptet das?
Barbro wagt ihre Gefühle zu zeigen.	Schön wär's, aber...

Akzeptieren Sie auftauchende ›Peinlichkeiten‹, d. h. Dinge, von denen sie nichts wissen wollen oder Empfindungen, die man Ihrer Meinung nach nicht haben darf. Wenn Sie nicht den Mut haben, sie einzugestehen, bleibt der Anker im Boden stecken und wird jede Veränderung hindern. Niemand anderer braucht Ihre ›Peinlichkeiten‹ zu lesen oder zu hören, und außerdem ist im allgemeinen nichts so schlimm wie wir uns einbilden.

Sind die Neins und die Einwände erst aufgearbeitet, suggerieren Ihnen die Bejahungen Ihr künftiges Ziel geradezu. Sie stärken die Seiten in Ihnen, die Sie zutage fördern wollen.

Wenn Sie die Bejahungen durchgearbeitet haben, decken Sie die linke Seite ab. Sehen Sie nach, was da vorhin vom Meeresgrund hochgeschwemmt worden ist.

Akzeptieren Sie alles, was hochkommt. Nehmen Sie es zur Kenntnis, und versuchen Sie sich selbst zu verstehen. Verachten Sie sich nur ja nicht. Sie brauchen sich auch nicht zu schämen. Jeder Mensch hat ›verbotene‹ Gedanken — nur gibt er sie nicht gern zu.

Erst wenn wir den Mut haben, unsere Schwächen und unsere weniger guten Seiten einzugestehen, können wir auch etwas gegen sie unternehmen. Solange wir sie ableugnen, werden sie in unserem Leben herumgeistern und es steuern: »Du wirst den Anker nicht hochziehen können, der den Kahn an seinem Platz festhält.«

Vielleicht treffen Sie auf das kleine Kind in Ihrem Inneren, das Sie vergessen haben? Das kleine Kind, das nicht den Mut hat, böse zu werden, weil es sonst bestraft wird. Nehmen Sie dieses kleine Kind an! Verachten Sie es nicht. Erst wenn Sie sich selbst verstehen und sich selbst mit Liebe begegnen, wird das Belastende von Ihnen genommen. Wir beide, die wir das schreiben, wissen es genau! Wir haben selbst nach diesen Methoden an uns gearbeitet, um unsere Anker vom Meeresboden wegzubewegen.

Beschäftigen Sie sich mit der Bejahung, bis Sie das Gefühl haben, daß sie ›sauber‹ ist; das bedeutet, daß ihr kein

Widerstand und kein Nein mehr gegenübersteht. (Es dauert in der Regel 1 – 2 Wochen.) Sie können auch eine weitere Affirmation formulieren, wenn Ihnen im Umgang mit der ersten etwas Wichtiges einfällt.

Wenn mit der Zeit keine Neins mehr kommen, können Sie die Einwände auf der rechten Seite in den Wind schlagen und mit dem Schreiben der Affirmation so lange weitermachen, bis sie Ihrer Wahrheit entsprechen. Damit ist nicht gesagt, daß Sie sich sofort verändern; aber Sie geben sich die Chance, eine neue Seite an sich kennenzulernen.

Bedenken Sie, wenn es am allerschwierigsten aussieht, sind Sie dem Ziel schon ganz nahe!

Sie können Ihre Affirmation besonders schön (in Blockschrift) schreiben und am Kühlschrank/dem Bett/dem Telefon befestigen. Nina hat schon etliche dort hängen! In einigen geht es darum, daß sie für bestimmte Leute ein Nein parat hat.

Als nächsten Schritt schlagen wir vor, daß Sie vor den Spiegel treten und die Bejahung Aug' in Auge mit sich selbst aussprechen. Dabei werden Ihnen die Neins sofort deutlich. Sie machen ein verlegenes Gesicht, verspannen sich an bestimmten Stellen, sinken in sich zusammen usw. Vielleicht haben Sie ein ungutes Gefühl in der Magengrube: »Was ich da behaupte, ist nicht wahr!« Setzen Sie die Übung so lange fort, bis Sie unbelastet und fröhlich dort stehen und überzeugt sind, daß Ihr Ja zu sich selbst die volle Wahrheit ist!

Sie können Ihre Affirmationen auch auf Tonband aufnehmen und sie sich vor dem Einschlafen oder während einer Auto-/Bahnfahrt anhören, oder Sie können sie im Lauf des Tages einfach öfter laut vor sich hin sagen. Wenn Sie gern singen, ist das eine herrliche Art des Umgangs mit positiven Aussagen.

Eine gute Art der gegenseitigen Hilfe im Arbeitsteam ist,

daß man einander Affirmationen laut vorsagt. Beispiel: »Du, Anna, hörst auf deine Körpersignale!«

Sie sagen es ihr auch dann, wenn es nicht stimmt. Es hilft ihr nämlich, wenn Sie ihr das mit voller Überzeugung sagen, einen Schritt weiter.

Ein gutes Verfahren für die Arbeitsgemeinschaft ist es vielleicht auch, einander mit gekreuzten Beinen gegenüber oder auf Stühlen dicht beisammen zu sitzen und einander in die Augen zu sehen. Es kommt einem anfangs lächerlich vor, aber es lohnt sich. Jemand fängt an:

»Du, Maria, hast den Mut, deine Gefühle zu zeigen!«
»Ja, das tue ich«, antworten Sie.

Sie bestätigen also, daß es stimmt. Es empfiehlt sich, das zehn bis zwanzig Mal zu wiederholen, sich dann abzuwechseln und die anderen etwas Positives sagen zu lassen.

Eine weitere Variante wäre, daß Sie selbst die positive Aussage machen:

»Ich, Maria, wage zu zeigen, wenn ich traurig bin.«
»Ja, das tust du!« bestätigt die Kollegin mit Nachdruck.
Machen Sie es zu einem Spiel mit ernstem Hintergrund.

Affirmationen

Ich... habe Zeit, positive Aussagen zu machen.
Positive Aussagen sind ein natürlicher Teil meines Lebens.
Positive Aussagen helfen mir..., meine Ziele zu erreichen.

Visualisierungen

Eine ansprechende und wirkungsvolle Art, sein Unterbewußtsein zu entwickeln, ist das Verwenden von spontan hervorgerufenen Bildern – Träumen, Gedanken und sonstigen Vorstellungen. Wir können lernen, sie bewußt zu verwenden, um beispielsweise einen Krankheitsverlauf zu beeinflussen, Leistungen im Beruf oder im Sport zu verbessern, um Problemsituationen zu bewältigen oder unsere Kreativität zu wecken.

Wir können hier in diesem Buch nur wenige Visualisierungsübungen bringen. Barbro bedauert das ganz besonders, weil es ihr spezielles Interessengebiet ist.

Die folgenden Übungen können Sie anwenden, wenn Sie Ihren lästigen Gedanken Einhalt gebieten wollen. Da die Geschmäcker verschieden sind, wählen Sie bitte selbst aus. Sie können die Übung entweder kurz vor dem Einschlafen, während einer Entspannungspause oder sonst irgendwann machen, wenn Ihnen danach zumute ist. Versuchen Sie es immer wieder. Es kann eine Zeit dauern, bis Sie Kontakt zu Ihrem Innenleben bekommen.

Der Kehrbesen. Schließen Sie die Augen, und stellen Sie sich die Innenseite Ihres Kopfes als Raum vor. Das Zimmer ist quadratisch, unmöbliert und hat helle Wände. An einer Wand sehen Sie eine Tür.

Ihre Gedanken wuseln auf dem Fußboden herum. Sehen Sie sich dieses Durcheinander an. Nehmen Sie einen Besen, und kehren Sie einen Gedanken nach dem anderen freundlich, aber bestimmt zur Tür hinaus. Machen Sie die Tür zwischendurch zu, damit die Gedanken nicht wieder hereinkönnen. Sollte ein Gedanke aber ganz hartnäckig sein, dann lassen Sie ihn kommen, und nehmen Sie ihn ruhig mit in das Zimmer zurück. Machen Sie sich keine Vorwürfe, wenn Sie sich nicht konzentrieren können. Es ist gut, daß die Gedanken kommen. Kehren Sie so lange, bis keine Gedanken mehr übrig sind, und schließen Sie die Tür hinter dem letzten fest zu. Genießen Sie das leere, saubere Zimmer.

Radiergummi. Schließen Sie die Augen, und lassen Sie die Gedanken kommen. Sie können sie entweder in Zeilen geschrieben sehen und sie dann ausradieren, oder Sie schaffen sich ein Bild, in dem Sie alles wegradieren, was Ihre Gedanken beschäftigt. Sagen Sie zu sich selbst, daß Sie sich später mit dem Problem realistisch auseinandersetzen werden.

Sorgen im Sand. Stellen Sie sich einen schönen Strand vor, über den sanft die Wellen spülen. Sie gehen dort entlang und sehen, wie Ihre Gedanken und Sorgen in den Sand geschrieben werden. Bald spülen die Wellen sie fort. Machen Sie solange weiter, bis im Sand keine Sorgen mehr stehen und Ihre Gedanken zur Ruhe gekommen sind.

Die schöne innere Landschaft. Verbinden Sie diese Visualisierung nach Möglichkeit mit Entspannung. Es verstärkt die Wirkung.

Setzen Sie sich bequem zurecht, und schließen Sie die Augen. Entspannen Sie den Körper, und gehen Sie alle Körperteile durch, bis Sie wirklich entspannt sind.

Stellen Sie sich vor, Sie befinden sich in einer wunderschönen Landschaft. Sie spüren dort eine wunderbare Ruhe. Es kann ein Ort sein, wo Sie schon einmal gewesen sind, oder auch ein Ort, den Sie zum erstenmal in Ihrer Phantasie erleben. Machen Sie sich mit dem Ort vertraut, und erleben Sie ihn mit allen Ihren Sinnen: Sehen Sie sich um, fühlen Sie mit den Füßen, erleben Sie die Düfte und horchen Sie auf Geräusche. Wärmt nicht die Sonne Ihre Haut?
   Lassen Sie sich in Ihrer inneren Landschaft häuslich nieder. Gute Gefühle können von überallher kommen. Denken Sie daran, daß Sie in Ihrer Phantasie alles so verändern können, wie Sie möchten. Spielen Sie mit Ihren Vorstellungen und genießen Sie sie. (Wenn Sie wollen, können Sie sich ein Haus bauen, das genauso aussieht, wie Sie es haben möchten.)
   Hierher können Sie sich in Gedanken zurückziehen, wann immer Sie wollen: Also wenn Sie Entspannungsübungen machen oder zwischendurch mal eine Minute ausruhen wollen.

Wenn Sie meinen, es ist genug, wachen Sie einfach auf.

Als Barbro mit dieser Übung begann, fand sie lange nicht den Ort, der ihr die richtige Ruhe und Geborgenheit gab. Endlich landete sie an einem öden Meeresstrand mit einem großen Baum, und in diesem baute sie sich eine geräumige Hütte. Die Aussicht war überwältigend. Abends, wenn ihre Gedanken zu kreisen begannen, versetzte sie sich dorthin und hatte nun etwas Positives zu denken.

Die Landschaft veränderte sich mit der Zeit. (Das ist normal, lassen Sie es also zu.) Vieles begann zu wachsen, und sie bekam sogar Nachbarn. Dann stellte sich eines Tages auch noch ein Name ein: Ruh. Es stimmte also, daß der Ort Ruhe schenkte.

In dem Maß, in dem Barbro sich besser fühlte, wuchs Gras in der Landschaft. Und es kamen Schwalben und Rosenbüsche dazu.

Der innere Wegweiser. Der Mensch trägt unendlich viele verborgene Schätze in sich. Wir haben längst nicht zu allem bewußten Zugang. Oft genug haben wir Schwierigkeiten, mit unserem Innenleben in Kontakt zu kommen. Unser Inneres versucht zwar ununterbrochen, durch Gefühle, Träume und plötzliche Erkenntnisse mit uns zu kommunizieren; aber wir tun, als merkten wir es nicht. Mit unseren Körpersignalen machen wir es schließlich genauso.

Dieser innere Wegweiser ist ein Symbol für die inneren Werte, mit denen wir für gewöhnlich keinen Kontakt haben. Carl G. Jung war einer der ersten, der den inneren Wegweiser bei der therapeutischen Arbeit mit Patienten verwendete, die Simontons tun es ebenfalls, um ihren Patienten im Verlauf des Heilungsprozesses Zugang zu so vielen positiven Quellen wie möglich zu öffnen.

Wir können unser Inneres mit einer gigantischen Bibliothek vergleichen. Dort ist alles, was wir seit unserer Geburt erlebt haben, in Büchern aufbewahrt. (Sogar Erlebnisse aus unserer vorgeburtlichen Phase sind festgehalten.) Die Bücher sind teilweise in zeitlicher Folge katalogisiert, teils

nach Sachgebieten. Wir haben alles Wissen über das Auto-
fahren an einer Stelle und über Kindererziehung an einer
anderen, aber wir kennen uns in den Regalen nicht immer
aus. Das Gedächtnis läßt uns im Stich. Manches haben wir
überhaupt weggesteckt, weil es peinlich oder unangenehm
war.

Unser Wegweiser kann so etwas wie ein Bibliothekar
sein, der sich überall auskennt, ein kluger Teil unseres Ich,
der Überblick hat und uns das zu finden hilft, was wir
brauchen. Er kann auch Bücher kombinieren und neue
Lösungen vorschlagen, die wir mit ›logischem‹ Denken nie
gefunden hätten. Der Wegweiser kann frei kombinieren.
(Man kann hier auch von der linken und der rechten
Gehirnhälfte sprechen. Die linke ist die logische und die
rechte ist die, die in Bildern denkt und neue, von Konven-
tionen freie Kombinationen schafft.)

Schließen Sie die Augen, und entspannen Sie sich. Versetzen Sie sich in Ihre innere Landschaft. Verbringen Sie
immer etwas Zeit damit, sie neu zu erleben.

Wenn Sie sich jetzt genau umsehen, bemerken Sie einen
schmalen Pfad, der zum äußersten Rand der Landschaft
führt. Es ist ein besonders schöner Weg. Gehen Sie ihn
entlang.

Nach einer Weile nehmen Sie ein sanftes Licht wahr, das
Ihnen auf dem Pfad entgegenkommt. Wenn Sie genauer
schauen, erkennen Sie darin eine Gestalt. Es kann ein
Mensch sein, den Sie jedoch nicht kennen — oder ein Tier.
Diese Gestalt ist Ihr persönlicher Wegweiser.

Die Gestalt kommt näher, und Sie erkennen sie jetzt deutlicher. Schließen Sie Bekanntschaft mit ihr. Beachten Sie
jede Kleinigkeit. Ist es ein Mensch, dann achten Sie auf
Geschlecht, Alter, Körperbau, Haare, Kleidung usw. Versuchen Sie, sich ein möglichst genaues Bild zu machen.

Heißen Sie das Wesen willkommen, und fragen Sie nach seinem Namen. Akzeptieren Sie den ersten besten, und nehmen Sie auch eine Lautkombination an, die sich anbietet. Fangen Sie in Ihrer Vorstellung mit ihm zu sprechen an, und stellen Sie ruhig Fragen, falls Sie Probleme haben, die zu lösen sind. Wenn Sie wollen, können Sie dem Wegweiser die Landschaft erklären. Vielleicht macht er Sie auf weitere Einzelheiten aufmerksam, die Ihnen noch nicht aufgefallen sind.

Versuchen Sie, sich zu merken, was der Wegweiser sagt. Im Anfang spricht er vielleicht hauptsächlich in Symbolen oder Gesten. Bewerten Sie nicht, und versuchen Sie auch nicht, alles gleich zu verstehen. Bekommen Sie keine Antwort, so macht es nichts. Sie kommt vermutlich später, während Sie mit etwas anderem beschäftigt sind, oder sie kommt durch einen Traum.

Vergessen Sie nicht, den Wegweiser um Rat zu fragen. Nur wer fragt, bekommt Antwort.

Legen Sie mit ihm fest, wo Sie sich künftig treffen wollen. Es ist gut, immer denselben Treffpunkt beizubehalten. Nehmen Sie dann Abschied voneinander.

Bewegen Sie sich langsam, und kehren Sie in die äußere Wirklichkeit zurück.

Halten Sie die Begegnung und die Antworten, die Sie möglicherweise bekommen haben, schriftlich fest und versuchen Sie, sie zu deuten. Im Anfang sieht das ein bißchen nach Traumdeuterei aus, aber mit der Zeit wird das Verhältnis dazu freier. Wir raten, den Wegweiser zu bitten, daß er anfangs nur mit ja oder nein antwortet. Sie bitten ihn, ja zu sagen, indem er das Bild von sich größer und deutlicher werden läßt; und nein, indem er kleiner oder verschwommener wird.

Barbro brauchte lange, bis sie ihren Wegweiser sehen konnte. Als erstes nahm der Name Form an. Es war in einem Traum. Einige Tage später tauchte der Wegweiser selbst auf dem Pfad auf. Er zeigte sich als ein kluger älterer Herr mit weißem Bart und einem langen weißen Kaftan. Noch einige Zeit später tauchte spontan ein zweiter Wegweiser auf: eine sanfte, stille Frau in Barbros Alter.

Ninas Wegweiser ist ein kleines zottiges, pelzbekleidetes Wesen, vielleicht einen Meter groß. Es hat große, gütige Augen, aber noch keinen Namen. Als es das erstemal auftauchte, gab es Nina – die damals krank war – einen grünen Apfel und führte sie zu einem Spiegel, um ihr zu zeigen, wie schön sie ist. Es nimmt Nina bei der Hand und zieht sie einfach schweigend mit, wenn es ihr etwas zeigen will.

Barbros Wegweisern haben wir im wesentlichen die Bildersprache in diesem Buch zu verdanken. Sie brachten die meisten Bilder, wenn Barbro meditierte oder Entspannungsübungen machte. In ihrem normalen Denken kommen nur selten Bilder vor; wenn sie jedoch ihre Wegweiser um Hilfe bittet, kommen Bilder in Fülle.

Sehen Sie sich selbst nein sagen. Diese Übung können Sie entweder vor dem Einschlafen machen oder irgendwann während des Tages, wenn Sie sich eine Pause gönnen. Sie brauchen fünf bis zehn Minuten dazu.

Entspannen Sie sich, und schließen Sie die Augen. Gehen Sie die Körperteile durch, und sorgen Sie für Entspannung. Wenden Sie Ihre Aufmerksamkeit nach innen.

Suchen Sie gern Ihre innere Landschaft auf, und vertiefen Sie dadurch die Entspannung. Wenn Sie wollen, können Sie während der Übung Ihren Wegweiser um Begleitung bitten.

Erinnern Sie sich an eine Situation, in der Sie sich stark und mutig vorgekommen sind und wo Sie mit sich zufrieden waren. Rufen Sie sich die Situation vor Augen und kosten Sie sie aus. Machen Sie sich ein lebhaftes Bild, in dem Sie auch das, was Sie gehört und gefühlt haben, wieder erleben.

Nehmen Sie dieses Gefühl der Zufriedenheit mit, und versetzen Sie sich in eine ähnliche Wirklichkeit, in der Sie es schaffen, auf eine gute Art nein zu sagen. Gestalten Sie das Bild so lebendig wie möglich, schließen Sie also auch hier mit ein, was Sie hören und fühlen.

Wiederholen Sie mehrere Male still für sich: »Ich... (Name) sage auf eine gute Art nein. Und ich sage es so, daß es als volle Wahrheit angenommen wird.«

Führen Sie diese Übung drei bis vier Wochen lang mehrere Male wöchentlich durch. Damit prägen Sie sich fest ein, daß Sie nein sagen können. Notieren Sie sich eventuell innere Widerstände, Mißtrauen, das Ihnen eingibt, daß Sie es nicht schaffen. Versuchen Sie zu begreifen, warum Ihnen das Neinsagen schwerfällt. Lassen Sie sich aber nicht davon entmutigen! Fragen Sie Ihren Wegweiser um Rat!

Sie können die Szene, in der Sie es schaffen, zu etwas nein zu sagen, gegen jede beliebige Situation austauschen: pünktlich sein; für die eigene Meinung einstehen; sich einen neuen Job verschaffen; für körperliche Gesundheit sorgen...

Wenn Sie mehr wissen wollen, bekommen Sie am Ende des Buches eine Literaturliste mit weiterführender Literatur.

Affirmationen

Ich... bejahe meine Phantasie und meine inneren Bilder.
Mir... fällt es leicht, innere Bilder hervorzurufen.
Meine inneren Bilder verschaffen mir wertvolle Erkenntnisse. Über mich selbst und über mein Leben.

Wenn ich noch einmal leben dürfte

Wenn ich noch einmal leben dürfte, machte ich gern mehr Fehler.

221

Ich würde mehr ausspannen und weit liebevoller sein,
ich wäre gern dümmer als auf meiner jetzigen Reise.

Ich nähme die Dinge gern weniger ernst,
ich würde gern mehr Chancen nützen, mehr Höhen
beschreiten und in mehr Seen schwimmen.

Ich würde gern mehr Eis und weniger Bohnen essen.

Ich werde dadurch vielleicht mehr echte Sorgen haben,
aber es gäbe viel weniger eingebildete solche.

Ihr müßt verstehen...
ich bin so ein Mensch, der besonnen und gesund lebt,
Stunde für Stunde und Tag um Tag.

O, gewiß habe ich meine schönen Augenblicke gehabt,
und wenn ich noch einmal die Möglichkeit hätte,
wollte ich versuchen, immer nur Augenblicke zu haben.

Einen Augenblick nach dem andern,
statt so viele Jahre vorweg zu leben.

Ich bin so eine Person gewesen, die ohne Thermometer,
Wärmflasche, Regenmantel und Fallschirm nirgends hin-
geht.

Wenn ich mein Leben noch einmal leben dürfte,
ich hätte weit weniger Gepäck.

Wenn ich noch einmal leben dürfte,
finge ich früher im Frühling barfuß zu gehen an,
und ich ginge viel weiter in den Herbst hinein so.

Ich würde mehr tanzen, mehr Karussell fahren,
und viel mehr Tausendschönchen pflücken.

Nadine Stair, 85 Jahre alt,
Louisville, Kentucky.

Literaturliste

Bach, Edward: *Blumen, die unsere Seele heilen: die wahre Ursache von Krankheit; Diagnose und Therapie.* München 1984

Edelwich, Jerry/Brodsky, A.: *Ausgebrannt: das ›Burn-out‹-Syndrom in den Sozialberufen.* Salzburg 1984

Emge, Hans: *Wie werde ich Unternehmer?* Reinbek 1985

Ende, Michael: *Momo.* Stuttgart 1981

Fox, Emmet: *Macht durch positives Denken.* Kirchweg 1986

Fromm, Erich: *Der moderne Mensch und seine Zukunft.* Frankfurt 1960

– *Die Kunst des Liebens.* Frankfurt 1970

– *Furcht vor der Freiheit.* Frankfurt 1966

– *Haben oder Sein.* München 1979

Gawain, Shakti: *Leben im Licht. Quelle und Weg zu einem neuen Bewußtsein.* München 1987

Gullberg, Hyalmar: *Gedichte.* Wien 1959

Hambrecht, Martin: *Ja zu mir – Ja zum Leben.* München 1986

Houston, Jean: *Der mögliche Mensch.* Basel 1985

– *Erwachen – Möglichkeiten menschlicher Transformation.* München 1987

Hughes, Beatrix/Boothroyd, Rodney: *Gib nicht auf. Probleme lösen – den Alltag meistern – positiv leben.* München 1987

Hübner, Peter: *Vom Problem zur Lösung.* München 1988

Jung, Carl Gustav: *Der Mensch und seine Symbole.* Olten/Freiburg 1968

Leaf, Munro: *Ferdinand, der Stier.* Zürich 1977

Leboyer, Frédérick: *Sanfte Hände. Die traditionelle Kunst der indischen Baby-Massage.* München 1979

Maslach, Christina: *Utbränd.* Stockholm 1985

Masters, Robert/Houston, Jean: *Bewußtseinserweiterung über Körper und Geist: ein praktisches Übungsbuch.* München 1983

– *Phantasie-Reisen: zu neuen Stufen des Bewußtseins: ein Führer durch unsere inneren Räume.* München 1984

Miller, Alice: *Am Anfang war Erziehung.* Frankfurt 1981

Müller, Else: *Hilfe gegen Schulstreß.* Reinbek 1984

Ostertag, Silvia: *Eins werden mit sich selbst.* München 1983

Petrie, Sidney/Stone, Robert: *Selbsthilfe durch Autogenie.* 1987

Pines, Ayala M./Aronson, Eliot/Kafry, Ditsa: *Ausgebrannt: vom Überdruß zur Selbstentfaltung.* Stuttgart 1983

Ray, Sondra: *Ja zur Liebe. Das Geheimnis der wunderbaren Partnerschaft.* Erding 1985

Ray, Sondra: *Kraft der Liebe. Eine praktische Anleitung zur Erfüllung in Sexualität.* Basel 1987

Satir, Virginia: *Familienbehandlung. Kommunikation und Beziehung in Theorie, Erleben und Therapie.* Freiburg 1973

– *Selbstwert und Kommunikation. Familientherapie für Berater und zur Selbsthilfe.* München 1975

Setterlind, S.: *Avslappningsträning.* Stockholm 1984

Simonton, O. Carl: *Wieder gesund werden.* Reinbek 1982

Smith, J. M.: *Säg nej – utan skuldkänsöor.* Stockholm 1981

Steinberg, Saul: *Umgang mit Menschen.* Reinbek 1954

Veninga, R. L./Spradley, J. P.: *The Job-Stress Connection. How to cope with job-burn-out.* Boston 1981

Witkin-Lanoil, Georgia: *Die gestreßte Frau.* München 1985

Zetterberg, H. L. et al.: *Det osynliga kontraktet.* Vällingby 1983

Kassettenliste

Berendt, Joachim Ernst: *Urtöne I und II.* Freiburg 1986

Caprio, Frank S./Berger, Joseph R.: *Selbsthilfe mit Selbsthypnose.* Kirchweg 1985

Dahlke, Rüdiger: *Auf den Schwingen der Töne. Meditationsübungen.* München 1984

– *Heilung. 1 1/2 Stunden Meditation zur Selbstheilung.* München 1986

– *Schwingkreis – Klangkörper.* München 1985

– *Tempel der Selbstverwirklichung. Garten der Liebe.* München 1986

– *Traumreise.* München 1985

Dethlefsen, Thorwald: *Körper- und Chakrenmeditation.* München 1982

– *Meditationen.* München 1982

Selby, John: *Auf den Flügeln der Phantasie. Innere Reise als Abenteuer.* Freiburg 1987

– *Die Kraft ist in mir. Aktivierung der Lebensenergie.* Freiburg 1988

– *Ich bin die Mitte. Ein Wegweiser zu innerem Gleichgewicht.* Freiburg 1987

– *Öffne dein Herz. Eine neue Beziehung zu sich selbst und anderen finden.* Freiburg 1988

– *Wecke Deine Sinne. Ein praktischer Wegweiser zur Erleuchtung durch Wahrnehmung.* Freiburg 1987

224